P&G의 이기는 마케팅99

WINNING WITH
THE P&G 99

Winning with the P&G 99

P&G의 이기는 마케팅 99

초판 1쇄 발행 2015년 2월 25일

지은이 찰스 L. 데커
옮긴이 김상률 · 정이찬
펴낸이 김건수

펴낸곳 김앤김북스
100-210 서울시 중구 수하동 40-2 우석빌딩 903호
전화 773-5133 팩스 773-5134
이메일 apprro@naver.com
출판등록 2001년 2월 9일(제12-302호)

ISBN 978-89-89566-65-6   03320

P&G의 이기는 마케팅 99

WINNING WITH THE P&G 99

찰스 L 데커 지음 | 김상률 · 정이찬 옮김

세계 최고의 마케팅 기업은 어떻게 일하는가?

김앤김북스

CONTENTS

2부 P&G의 기업 문화

5부 P&G의 브랜드 관리자

6부 성공적인 출시와 마케팅

P&G는 전 세계 50억 명의 사람들을 대상으로 300개 이상의 브랜드를 판매하고 있다. 미국 가정의 98퍼센트가 P&G 제품을 사용하고 있으며, 욕실, 세탁실, 아기 방, 부엌, 찬장, 싱크대, 의약품 상자, 화장대 등 집안 곳곳에서 P&G 제품을 볼 수 있다.

P&G의 혁신은 제과용 버터, 1회용 기저귀, 세탁 세제와 같은 많은 제품 카테고리를 새롭게 만들어냈지만, 소비자들은 그 브랜드들을 통해 P&G를 인식하고 있다. 즉 P&G의 충성 고객들은 제과용 버터를 구매하는 것이 아니라 크리스코(Crisco)를 구매하며, 세탁 세제를 구매하는 것이 아니라 타이드(Tide)를 구매한다. P&G는 소비자와 브랜드 간의 결속을 강화하기 위해 매년 30억 달러 이상을 브랜드를 광고하고 판촉하는 데 지출하고 있다. 이는 세계 어느 회사도 따라갈 수 없는 액수다.

창의적이고 혁신적인 회사인 P&G는 많은 제품 혁신을 선도하고 사회적 풍경과 삶의 질에 커다란 영향을 끼쳐 왔다. P&G는 조심스럽고 신중하며 체계적이다. 이것은 P&G 문화의 일부이다. 하지만 새롭고 더 나은 제품뿐만 아니라 새롭고 더 나은 사업 방식을 찾는 데 매우 적극적인 것도 P&G 문화의 일부이다. P&G는 새롭고 더 나은 사업 방식을 찾아냄으로써 경쟁자들이 각각의 새로운 이니셔티브 (initiative)에 대응하도록 만든다. 다음의 세 가지 사례를 살펴보자.

우선 P&G는 노사 관계에 있어서 혁신적인 정책을 취해 왔다. 이미 100년 전부터 주 5일 근무제를 시행해 왔으며 미국에서 가장 오래된 이익분배 제도를 운영해오고 있다. 1998년 5월에는 경영자가 아닌 모든 직원에게 스톡옵션을 제공하기도 했다.

또한 P&G는 텔레비전과 라디오의 급속한 성장에 큰 기여를 했다. 많은 기업이 라디오에 대해 회의적이던 1930년대 초, P&G는 라디오 프로그램을 개발하고 라디오라는 매체를 주도적으로 활용했다. 그리고 1950년대 초에는 거의 모든 광고 예산을 텔레비전에 투자하고 낮 시간대의 드라마와 여러 프로그램(〈Search for Tomorrow〉, 〈The Guiding Light〉, 〈Days of Our Lives〉, 〈As the World Turns〉, 〈The Edge of Night〉 등) 제작에 참여했다. 이 프로그램들은 지금도 대중매체에서 볼 수 있으며, 수백 만 명의 시청자들을 확보하고 있다. P&G는 지속적으로 새로운 매체를 통해 경쟁적 위치를 견고히 하고 있는데, 최근에는 케이블 텔레비전이나 인터넷 같은 뉴미디어로 확장하면서 선구자적인 광고주의 위치를 점하고 있다.

또한 보편적이고 효율적인 슈퍼마켓 소매 유통 시스템 발전에 중요한 역할을 했다. 1920년에는 도매상들이 독립된 소매 식료품점에 제품을 공급하는 식료품 거래의 95퍼센트를 장악하고 있었다. 그런데 도매상들의 주문 패턴은 매우 불규칙적이어서 주문이 갑자기 많아지거나 줄어드는 경우가 많았다. 이러한 주문 패턴은 P&G나 다른 식료품 생산자들에게 상당히 비효율적이었다. 생산자들은 공장 가동을 줄이거나 멈추는 경우도 있었고 직원들을 감원하기도 했다.

P&G는 과감하게 도매상에게 도전했다. 영업 사원을 늘려 소매상에게 직접 판매하기 시작한 것이다. 도매상과 소매상의 강한 반발에도 불구하고 P&G는 시장을 장악했고, 뒤이어 다른 제조업자들도 직접 판매에 나섰다. 도매상의 권력은 무너졌고 슈퍼마켓 소매 유통 시

세탁 용품	타이드 치어 에리얼 옥시돌 볼드	다즈 게인 다우니 바운스 레노르	아이보리 스노우 드레프트 이어러 페어리
주방 용품	돈 아이보리 리쿼드 조이	캐스케이드 스픽 앤 스팬 바운티	미스터 클린 코메트
식료품	크리스코 폴저스	던컨 하인스 프링글스	지프 서니 딜라이트
의약품	글림 슈어 시크리트 클리어라실	스코프 빅스 니길 올드 스파이스	펩토 비스몰 디드로넬 픽소덴트
욕실 용품	팬틴 헤드 앤 숄더 퍼트 플러스 프렐 카메이	아이보리 제스트 코스트 세이프가드 올웨이스	차민 퍼프스 오일 오브 올레이 비달 사순 크레스트
유아 용품	팸퍼스	루브스	베이비 프레시
화장품	커버 걸	녹스제마	맥스 팩터

스템이 발전할 수 있는 계기가 마련되었다. 이 책에서 계속 논의하겠지만 P&G는 자신의 이니셔티브를 통해 끊임없이 식료품 소매 유통 시스템에 영향을 미치고 있다.

대부분의 소비자들이 브랜드를 통해 P&G를 인식하고 있지만, 그에 못지않게 P&G라는 회사 자체가 널리 알려져 있으며 업계에서 높이 평가 받고 있다.

- P&G는 8년 연속으로 〈포춘〉 지의 연례 설문조사에서 '가장 존경받는 미국 10대 기업'에 선정되었다.
- P&G는 전 세계적으로 800억 달러 이상의 매출을 올리는 제국이며 이익 면에서는 다우존스 평균 이상의 뛰어난 실적을 올리고 있다. 42년 동안 계속해서 주주에게 지급하는 배당금을 증가시켜 왔으며, 〈포춘〉 지 설문조사에서 '장기 투자에 적합한 우량 기업' 중 하나로 선정되었다.
- P&G는 세계에서 가장 뛰어난 경영을 하는 기업 중 하나로 평가되고 있다. 하버드 경영 대학원에서는 P&G가 1931년에 개발한 브랜드 관리 시스템을 가르치고 있으며, 수 없이 많은 기업이 이 관리 시스템을 따라하고 있다.
- 〈포춘〉 지 설문조사에서 P&G는 유능한 직원을 뽑고 개발하고, 유지하는 능력 면에 있어서 높은 점수를 받았다.

P&G는 매년 전 세계에서 1,000명 이상의 대학과 대학원 졸업생들을 고용한다. 그들 중에는 엔지니어, 화학자, 물리학자, 생물학자, 의사, 치과 의사, MBA들이 있다. 미국에서 브랜드 관리 영역에서만 약 100명을 고용한다. 이 신입 사원들은 치열한 브랜드 경쟁 환경에서 살아남기 위해 필요한 자질을 갖춰야만 한다. 브랜드 관리자는 관리 자급 직원의 약 5퍼센트에 불과하지만 임원급만 놓고 보면 90퍼센트를 차지한다. 브랜드 관리 직책은 임원이 되기 위한 핵심 요직이다.

그러나 아주 소수의 직원만이 이 자리에 오른다.

브랜드 관리를 담당하는 많은 직원들이 다른 기업에 스카우트 되거나 P&G 문화에 적응하지 못해 회사를 떠난다. 일부 직원들은 P&G 내에서 적성에 맞는 업무를 찾아 자리를 옮기거나 마케팅이나 경영에 관한 공부를 계속하도록 권유 받는다.

P&G의 브랜드 관리 시스템은 효과적이다. 그 시스템은 소비자가 제품만을 구매하는 것이 아니라 브랜드를 구매한다는 근본적 신념에 의해 지지되고 있다. 브랜드가 회사 성공의 핵심 요소이기 때문에 브랜드 관리자가 회사 조직의 핵심이다. 그러나 브랜드 관리자라고 해서 원하는 것을 무엇이든지 할 수 있는 것은 아니다. 브랜드 관리자에게는 분석적 접근과 철저함, 프로 정신이 요구된다.

대부분의 기업들, 특히 소비재 회사들은 P&G의 훈련 프로그램을 MBA학위보다 더 높게 평가한다. 소비재 회사나 광고대행사들에게 P&G는 회사의 신입 또는 중간급 임원을 구하는 주요 원천이다. 이런 사람들은 종종 조직의 최고 자리까지 올라가는데, 대표적인 예로 제너럴 푸드의 짐 퍼거슨, 존슨 & 존슨의 짐 버크, 오길비 앤 매더의 빌 필립스, 캠벨미튼의 빌 던랩 같은 사람들을 들 수 있다. 그리고 P&G 출신들은 그들 산업 분야를 지배하는 몇몇 주요 기업들을 이끌고 있다. CEO였던 존 스메일은 1992년 가을에 제너럴 모터스의 회장이 되었다. 밥 허볼드는 마이크로소프트의 COO로 옮겨가기 전에 P&G 이사로 있었고, 존 한레이는 몬산토의 CEO가 되었다.

오늘날의 P&G를 있게 한 원칙, 관습, 신념은 창업자인 윌리엄 프록터(William Procter)와 제임스 갬블(James Gamble)까지 거슬러 올라간다. 창업주들의 원칙과 신념은 세월의 시험을 견디면서 기업 운영과 사고에 관한 기업 문화로 발전해왔다. 한 예로 P&G의 내부 승진 정책은 P&G 본사가 신시내티에 위치한 것과 역사적으로 깊은 관련이 있다. 신시내티는 P&G의 경쟁사인 콜게이트 팔모리브와 유니레버가 위치해 있는 뉴욕에 비해 상대적으로 외진 곳이다. 경쟁사들은 뉴욕에 본사를 두고 상대방 회사나 다른 많은 소비재 회사들로부터 직원들을 쉽게 뽑아왔다. 하지만 지리적인 요인보다 더 중요한 것은 P&G의 내부 승진 정책이 자사 직원에 대한 관심, 자립 의식, 그리고 과거 경험들로부터 배우고 지식 체계를 개발하는 것에 가치를 부여하는 문화에서 발전해왔다는 사실이다.

이 책은 P&G에서 브랜드 관리 업무에 5년 간 종사하면서 갖게 된 P&G에 대한 나의 깊은 존경에서 비롯되었다. P&G를 떠난 뒤 30년 동안 20개 이상의 기업 고객들과 일하면서 P&G가 신념, 문화, 운영 방식에서 얼마나 다른지 알게 되었다. 많은 P&G의 원칙들은 다른 기업들에 적용될 수 있으며, 일부 기업들에 적절하지 않은 원칙이나 방식도 새로운 접근방법을 찾는 이들에게 통찰력을 제공할 수 있다. 이 책은 P&G의 마케팅, 경영 관리, 경력 개발 원칙과 방식들을 담고 있다. 독자들은 이 책을 통해 P&G가 이러한 원칙과 방식들을 가지고 어떻게 성공했는지, 그리고 다른 기업과 개인들을 위해 어떤 시사점이 있는지를 배우게 될 것이다. P&G의 원칙과 방식의 응용은 소비재 회사들과 그 제품들에 한정되지 않는다. 그것은 기업들뿐만 아니라 학계, 정부, 비영리 조직에게도 시사점을 줄 것이다. 고객, 부하 직원, 직장 상사와 일하는 사람들은 이러한 교훈들로부터 새로운 통찰력을 얻을 수 있을 것이다.

소비자를 가장 잘 아는 회사, 마케팅을 가장 잘 하는 회사, 브랜드를 가장 잘 관리하는 회사하면 떠오르는 것이 바로 P&G가 아닐까 생각한다.

1999년도에 대학원에서 브랜드를 전공할 당시 꼭 스터디해야 하는 기업 중의 하나가 바로 P&G였다. 그렇게 많은 브랜드를 가지고 있는 P&G가 어떻게 성공할 수 있는지에 대해 많은 사람들이 궁금해했고 그것을 배우고 싶어 했다. 또한 마케터들이나 브랜드 매니저들이 꼭 가보고 싶은 회사 중의 하나가 되었고 P&G 출신의 마케터들이나 브랜드 매니저들은 다른 회사로의 이직이 쉬운 적이 있었다. 그래서 마케터나 브랜드 매니저들에게 P&G는 마케팅 사관학교, 브랜딩 사관학교라 불리어질 만큼 선호되는 기업 중 하나였다.

왜 P&G가 이렇게 마케터를 꿈꾸고 브랜드 매니저를 꿈꾸는 이들에게 선호되는 기업이 되었을까?

이에 대한 질문의 대답은 바로 P&G에는 P&G만의 시스템이 잘 구축되어 있다는 것이다. 그 시스템이란 단순히 마케팅 전략만을 이야기하는 것이 아닌 기업의 전반에 걸친 시스템을 말하는 것이다.

P&G는 소비자를 잘 알기 위해 노력했고 제품 또한 뛰어난 제품을 만들려고 노력했다. 또한 독특한 브랜드를 개발하고 관리하는 데 더 많은 노력을 기울였다. 이들은 올바르게 행동하고 실수를 기회로 활용하며 발상 전환에 최선을 다했다. 직원들을 존중하고 최고의 인재

를 모집하고 모든 직원들을 리더로 만드는 이러한 독특한 기업 문화가 현재의 P&G를 있게 한 원동력이 되었다.

P&G는 글로벌 브랜드가 되기 위해 다국적 교육훈련 모델을 만들었고 현지 소비자들을 이해하고 제품을 현지 시장에 맞추는 현지화 전략에 많은 신경을 썼다.

이들은 시장 진입 시 1위가 되겠다는 계획을 세웠으며 브랜드 커뮤니케이션에 있어 말하는 것을 보여 주고, 보여 주는 것을 말로 표현하였고 유명인이 아닌 평범한 사람들을 활용하여 소비자에게 더욱 친숙하게 다가갔다. 이런 활동들이 오늘날의 마케팅 사관학교인 P&G를 있게 한 이유가 아닐까 생각된다.

이 책은 저자가 P&G 근무 시 느꼈던 성공 요인들 즉 소비자 행동의 이해, 혁신 제품과 기업 문화의 중요성, 글로벌 진출 시 고려 사항, 브랜드 관리의 중요성, 효과적인 브랜드 커뮤니케이션 등에 대해 99개의 원칙들로 잘 설명하고 있다.

지금도 치열한 마케팅 전쟁터에 있는 이 땅의 모든 마케터, 브랜드 매니저들, 앞으로 마케팅 전쟁터를 경험하게 될 예비 마케터들과 브랜드 매니저들은 꼭 읽어보길 권한다.

1부

P&G의 핵심 원칙

P&G가 하는 모든 것을 규정하는 4가지 핵심 원칙이 있다.
'소비자는 여왕이다', '월등한 제품을 만들어라', '독특한
브랜드를 창조하라', 그리고 '장기적인 관점을 견지하라'가
그것인데, 이 원칙들은 P&G의 마케팅 방법론, 문화, 스타일,
사업 방식의 기초를 이룬다.

| 소비자는 여왕이다 |

P&G가 소비자에게 주의를 기울인다는 점은 전혀 놀랄 일이 아니다. P&G에서 배워야 할 점은 원칙 그 자체가 아니라 소비자를 이해하려는 노력과 회사가 하는 일에 이러한 기본 원칙을 적용하려는 엄격함의 강도이다. 이것은 단지 하나의 방법론이 아니라 태도이다.

01

소비자를 신뢰하라

소비자는 분별력과 안목이 뛰어나다. 그녀는 비용 대비 제품의 장점을 신중하게
저울질한다. 소비자에게 진정한 가치를 제공하는 회사가 보상을 받는다.

"우리는 전 세계 소비자들의 삶을 향상시킬 수 있는 월등한 품질
과 가치를 지닌 제품을 제공할 것이고, 그러면 소비자들은 우리에게
제일 높은 매출과 이윤을 보장해 줄 것이다."

이는 P&G의 사명 선언문에 나오는 말이다. 이러한 말은 어느 회
사나 말할 수 있는 진부한 선언처럼 들린다. 그러나 P&G의 경우 이
선언은 듣기 좋은 립서비스가 아니다. P&G는 소비자의 필요와 욕망
을 이해하고 충족시키기 위해 진정으로 노력한다. P&G는 소비자들
이 시장에서 누가 승리자이고 패배자인지를 결정한다고 믿고 있다.
P&G는 소비자를 신뢰한다. 왜냐하면 자사 브랜드의 품질과 가치를
인식할 수 있는 소비자들에게 회사의 미래를 걸어왔기 때문이다.

한번은 P&G의 한 브랜드 관리자가 소비자들이 치약을 빨리 써버
리도록 크레스트 치약 튜브의 입구를 넓히자는 제안을 한 적이 있다.
그것은 나쁜 아이디어였으며 일종의 사기였다. 게다가 소비자는 바

보가 아니다. 소비자는 양을 조절할 것이고, 제품을 어느 정도 사용해야 할지를 자기 스스로 결정할 것이다.

P&G는 이 교훈을 타이드 시트(Tide Sheet)와 아이스하키 공처럼 생긴 정제형 세제인 샐보(Salvo)를 출시하면서 배웠다. 표백제와 섬유유연제의 비율이 미리 정해져 있었던 이 두 세제는 모두 실패했다. 그 이유는 소비자들이 빨래의 양, 섬유의 종류, 빨래의 더러움 정도에 따라 세제의 양을 융통성 있게 조절하기를 원했기 때문이다. 이와 같은 경험을 통해 P&G는 소비자를 이해하고 존중하게 되었고, 농축세제와 같은 제품들을 선구적으로 개발하게 되었다.

P&G는 자사의 세제 브랜드마다 '울트라2' 제품을 출시함으로써 모든 사람을 놀라게 했다. 이것은 다소 위험한 조치였다. 소비자들이 고농축의 개념을 오해할 수도 있었고, 양이 적은 제품에 동일한 금액을 지불하고 싶어 하지 않을 수 있었다. 또한 울트라2 제품을 구매했다 하더라도 제품을 과다하게 사용한 후 그 가치를 제대로 느끼지 못하고 구매를 중단할 수 있었다. 그러나 이런 것들은 전혀 문제가 되지 않았다. 소비자들은 스스로 문제를 해결하고 조절할 줄 알았다. 최종적으로 소비자들은 낮은 포장비와 운송비에서 오는 낮은 가격의 혜택을, 소매상은 제품이 자리를 덜 차지하면서 빠르게 회전 되는 혜택을, 그리고 P&G는 시장 점유율이 증대하는 혜택을 얻게 되었다.

P&G는 소비자가 제품 사용량을 줄일 수 있게 해줌으로써 소비자에게 더 나은 가치를 제공하기도 한다. 예를 들어, 반을 잘라 쓸 수 있게 하는 바운티 키친타월과 헹궈서 다시 쓸 수 있는 키친타월을 내놓았는데, 이는 확실히 쓰고 버리는 속도를 늦추지만 소비자 가치를 향상시켰다. P&G는 소비자들이 반드시 그 가치를 인정할 것이고 구매 결정을 통해 이러한 브랜드에 보상을 해줄 것이라고 믿고 있다.

02

소비자를 우롱하려 하지 마라

열등한 제품을 팔려고 하는 것은 부질없는 일이다. 심지어 제품의
사소한 장점이나 단점조차 중요하며, 이는 소비자에 의해 보상받거나 처벌받을 것이다.

P&G는 비록 작은 장점이라고 하더라도, 제품이 가지고 있는 성능 상의 장점이 시장에서 승자와 패자를 결정한다고 믿는다. 마케팅이 제품의 성능을 대신할 수는 없다. 도리어 제품의 장점이 마케팅에 지 렛대 역할을 한다.

포장지 문구, 광고, 판촉물은 소비자에게 브랜드 관한 것과 제품을 통해 얻을 수 있는 혜택을 알려 준다. 자주 사용하는 제품의 경우, 소 비자들은 오랜 기간에 걸쳐 다양한 브랜드들을 사용해 봄에 따라 성 능상의 작은 차이가 점점 눈에 띄게 된다. 결국 약속한 성능을 제공 하는 브랜드가 최고의 자리에 오르게 되는 것이다.

브랜드를 확인할 수 없는 서로 다른 두 제품을 놓고 하나를 고르게 하는 '블라인드 테스트'는 모든 P&G 브랜드가 거치는 핵심적 연구 개발 과정의 하나다. 만약 P&G 제품이 이 테스트에서 경쟁사 제품 을 이기지 못하면 절대로 시장에 출시되지 못한다.

한편 경쟁 브랜드가 제품을 개선하여 블라인드 테스트에서 이기게 되면, 브랜드 관리자와 제품 개발 부서의 발등에 불이 떨어지게 된다. 부족한 부분이 해결될 때까지 이 브랜드는 심각한 문제가 있는 것으로 간주된다.

실제 제품 성능을 인식할 수 있는 소비자의 능력에 대한 이러한 존중은 일반적이지는 않다. 일부 다른 소비재 회사들조차도 그러한 존중을 보이지 않는다.

P&G의 화장실 변기 세척제인 브리게이드(Brigade)가 시험 시장에 성공적으로 출시되었을 때, 경쟁 기업 중 하나가 색상, 문양, 포장 등 제품의 겉모습을 복제한 제품을 내놓은 적이 있다. 심지어 그들은 브리게이드 포장에 있는 일련번호까지 유사하게 인쇄해 놓았다. 번호가 별다른 의미를 갖고 있지는 않았지만 소비자들은 그것을 몰랐다. 그러나 이 회사가 제품 자체의 공식을 복제할 수 없었기 때문에 제대로 기능하지 않았다. 그 제품은 시험 시장에서조차 좋은 반응을 얻지 못했다.

P&G에서 이런 일이 일어난다는 것은 상상조차 할 수 없다. 소비자가 제품에 비싼 돈을 지불하면서도 이것이 모조품이라는 사실을 모를 거라고 생각하는 것은 소비자에 대한 노골적인 멸시이다.

03

가치는 소비자가 정하는 것이다

가치에 대한 소비자의 민감성은
시장에서의 수많은 성공과 몇몇 실패들을 통해 입증되었다.

가치는 가격만의 문제가 아니다. 만약 소비자들이 가격만으로 가치를 따진다면 미국 내에서 약 10~20퍼센트 할인 가격으로 판매되는 제네릭 브랜드나, 프라이빗 라벨 또는 자체 상표 브랜드 같은 가격 브랜드(price brand)는 P&G나 경쟁 기업이 판매하는 내셔널 브랜드(national brand)보다 더 높은 시장 점유율을 확보할 것이다.

식료품점의 가격 브랜드는 25퍼센트가 약간 못 되는 시장 점유율을 가지고 있다. 영국에서 주요 슈퍼마켓 체인의 자체 상표 브랜드는 높은 품질을 갖고 있는 것으로 인식되고 있으며, 시장의 약 35퍼센트를 차지하고 있다.

그러나 여전히 많은 소비자들은 가격이 비싼 내셔널 브랜드를 선택한다. 즉 대부분의 소비자들에게 내셔널 브랜드의 우수한 품질은 가격 브랜드의 낮은 가격을 상쇄하고 남는다는 뜻이다.

$$가치 = \frac{지각된\ 편익}{가격}$$

이 가치 공식의 지각된 편익(Perceived Benefit)은 가격의 상당한 차이조차 상쇄시킬 수 있다. 예를 들어 중국에서 P&G 샴푸는 현지 제품보다 약 세 배 정도 비싸다. 그럼에도 P&G는 중국 샴푸 시장의 약 절반 정도를 차지하고 있다. 중국 소비자들은 돈을 더 줄망정 지각된 편익이 높은 P&G 샴푸를 산다.

그러나 때로는 가격이 가치 공식을 지배한다. 만약 가격이 상승해서 지각된 편익보다 더 커지면 소비자는 그 제품을 구매하지 않을 것이다. 말하자면 소비자들은 제품 가치가 수용할 만한 수준이 안 되면 구매하지 않는다. 이는 P&G가 1회용 기저귀를 시장에 내놓으면서 배운 매우 중요한 교훈이다.

팸퍼스의 발명

가치 공식은 팸퍼스(Pampers)라는 1회용 기저귀의 성공에 결정적이었다. 1회용 기저귀를 발명한 것은 P&G가 아니었다. P&G가 처음 팸퍼스 시제품을 개발했을 당시, 소비자들이 이용할 수 있는 브랜드가 몇 가지 있었고, 유아가 있는 가정의 약 80퍼센트가 그 브랜드 제품을 보유하고 있었다.

그러나 1회용 기저귀는 총사용량의 0.2퍼센트밖에 사용되지 않았다. 미국 소비자들은 1회용 기저귀가 질적인 면에서 천보다 떨어지며, 한 개에 8.6센트이므로 일상적으로 사용하기에는 비싸다고 느끼고 있었다. 따라서 여행과 같은 특수한 상황에서만 사용했다. 따라서 실제적으로는 1회용 기저귀 시장이 존재하지 않는 것이나 마찬가지였다.

하지만 P&G가 개발한 팸퍼스 제품은 타사 1회용 기저귀에 비해 훨씬 월등했고, 기저귀 당 10센트에 판매되었다. 이 가격은 열등한 경쟁사 제품보다 약간 비싼 정도였다.

팸퍼스의 최초 시험 시장은 일리노이 주의 페오리아 지역이었다. 전체 기저귀 사용량의 2.5퍼센트라는 판매 목표가 별 무리 없어 보였고, 앞서 실시했던 소비자 조사에서 약 30퍼센트가 넘는 아기 엄마들이 천 기저귀보다 그 제품을 선호한 것으로 나타났다.

그러나 시험 시장 결과는 어이없는 실패로 끝나고 말았다. 판매량이 겨우 기저귀 사용량의 0.8퍼센트에 그쳤던 것이다. 제품이 아무리 좋다고 하더라도 소비자들이 일상적으로 사용하기에는 개당 10센트라는 가격이 너무 비쌌기 때문이다. 결국 P&G는 원가를 낮춰야만 했고 그렇게 하기 위해서는 2.5퍼센트라는 당초의 목표치보다 훨씬 더 높은 판매 목표를 세워야 했다.

만약 2.5퍼센트보다 높은 판매 목표를 달성할 수만 있다면, 생산효율성과 광고에 있어 규모의 경제 효과를 향상시키고 공급업체와의 협력을 통해 제품 원가를 낮출 수 있을 것이다. 높은 판매량은 판매대에서의 빠른 회전율을 가져오고, 이는 P&G가 슈퍼마켓들을 설득해서 제품을 유통하도록 만들 것이다. 그때까지 1회용 기저귀는 주로 약국에서 판매되었는데, 높은 마진으로 돈을 벌고 있던 약국들은 낮은 회전율에 무관심했다. 이에 비해 슈퍼마켓은 낮은 마진으로 운영되었지만 더 높은 판매대 회전율을 요구했다.

세 번 이상의 시험 시장을 거친 후, 마침내 P&G는 소비자들을 대상으로 한 판매 계획을 세우게 되었다. P&G가 1회용 기저귀를 개당 6센트에 내놓는다면, 소비자들이 일상적으로 사용할 것이다. 그리고 최종 시험 시장에서는 전체 기저귀 사용량의 2.5퍼센트를 차지하는 결과가 나타났다. 이는 최초 목표치보다 거의 열 배가 넘는 것이다. 오늘날에는 1회용 기저귀가 전체 기저귀 사용량의 약 98퍼센트를 차지하고 있으며, 그중 3분의 1이 넘는 시장을 P&G가 점유하고 있다.

러시아에서의 세제 판매

1992년 P&G는 러시아에서 에리얼(Ariel)이라는 세탁 세제를 출시하면서 소비자의 가치 인식과 관련된 경험을 하게 된다. 에리얼은 당시 유럽 시장에서 P&G의 주요 세제 브랜드였다. 조사 결과 러시아 주부들이 이 제품을 좋아하는 것으로 나타났고, 그래서 즉시 시장에 출시되었다.

3개월 정도 지나자 약 85퍼센트의 소비자가 이 제품을 알고 있었다. 하지만 단지 5퍼센트의 소비자만이 이 제품을 구입했다. 나머지 95퍼센트는 사고 싶어도 이것을 살 여유가 없었다. 그래서 P&G는 생산 비용이 비싸지 않고 가격은 더 낮지만, 좋은 성분을 지닌 틱스(Tix) 세제를 선보였다. 그러나 이 제품 역시 러시아 소비자들에게는 싼 것이 아니었다. 마지막으로 P&G는 현지 생산을 통해 원가를 크게 절감하기 위해 박스가 아닌 폴리에스테르 용기를 사용한 세 번째 브랜드를 출시했다. 그리고 타이드라는 이름을 사용했다. 비록 미국 내 제품과 러시아 내 제품은 다르지만, 오늘날 타이드는 양국에서 공히 가장 많이 팔리는 세제 제품으로 자리잡고 있다.

04

소비자가 무엇을, 어떻게
원하는지를 찾아내라

P&G는 엄격하면서도 체계적인 소비자 조사 프로그램을 통해 소비자의 욕구를
철저하게 이해하고, 이러한 욕구에 부합하도록 제품을 개발하고
마케팅 활동을 전개함으로써 제1의 소비재 기업으로 성장할 수 있었다.

P&G 사람들은 소비자를 이해하고 그들로부터 의견을 구하는 데 있어 지칠 줄 모르는 열정을 가지고 있다. P&G에서 근무했던 한 시장 조사원은 이런 말을 했다.

"다른 많은 회사들과는 달리 P&G는 자신들이 실시한 조사를 실제로 이용하고 있으며, 소비자들의 의견에 적극적으로 귀를 기울입니다." 60대의 한 베테랑 시장 조사원은 이렇게 말했다. "P&G는 연구 조사를 전적으로 신뢰합니다. 그들은 관행적으로 조사를 실시하는 것이 아니라 무엇인가를 밝혀내는 데에 관심을 둡니다. 그들은 정말로 호기심이 많습니다. 그들은 결과를 신뢰하며, 그 믿음을 실행에 옮깁니다."

제품 아이디어로부터 브랜드 마케팅에 이르기까지 P&G는 모든 단계에서 최선을 다해 소비자들에게 주의를 기울인다.

초기 단계에서 제품개발 팀은 '교회 패널'을 자주 활용하다. 여성

교인들은 개발 과정상의 다양한 프로젝트, 이를테면 화장용 티슈의 다양한 색상, 다양한 종류의 땅콩버터, 처방약을 위한 안전한 포장 등을 테스트하기 위해 교회 지하실에 마련해 둔 제품 시험 장소를 방문한다. 패널들로부터 나온 결과가 항상 결정적이거나 제품개발에 반영될 수 있는 것은 아니지만, 이것을 통해 제품개발 팀은 현실적인 문제를 점검할 수 있다. 이런 노력이 없다면 소비자들의 의견이 반영되지 않은 상태에서 개발 결정이 내려질 것이다.

제품이 어느 정도 완성 단계에 이르면, 실제 사용 과정에서 제기될 수 있는 다양한 문제들을 평가하기 위해 가정 내 성능 테스트가 실시된다. 일단 제품개발 팀이 만족하게 되면 이제는 브랜드 팀이 관여하여 조사를 주도한다. 이 단계에서는 좀더 마케팅 지향적인 조사가 행해지는데, 최종 시장에 출시하기 전에 블라인드 테스트가 실시된다.

P&G에서는 시장조사에 의해 뒷받침되지 않는 어떠한 중요한 의사 결정도 하지 않는다.

소비자가 원하면서도 그것이
무엇인지 모르는 것을 찾아내라

소비자는 자신이 원하는 제품이나 여러 가지 제품 가운데 좋아하는 제품을 알려줄 수 있다.
그러나 참고할 만한 기준이 없거나 문제가 있지만 잘 알지 못하는 경우에는
소비자로부터 제품 정보를 기대하기 힘들다.

1980년대에 옷감에서 일어나는 정전기, 잘빠지지 않는 얼룩 그리고 아이들의 충치 등은 생활의 한 모습이었다. 당시 이것들이 문제가 될 것이라고 생각한 사람들은 거의 없었으며, 어느 누구도 바운스(Bounce), 타이드(Tide), 크레스트(Crest)와 같은 제품을 생각해내지 못했다.

P&G는 소비자들이 원한다고 말하는 것 너머의 것을 바라보며, 소비자의 태도와 행동에 대해 깊이 탐구한다. 왜냐하면 이러한 힌트를 통해 소비자들이 실제로 부딪히고 있으나 인지하지 못하는 문제를 밝혀 낼 수 있고, 소비자들의 삶을 한층 더 편하고 즐겁게 해줄 기회를 찾을 수 있기 때문이다.

현장 조사의 선구자

P&G 조사자들은 일상생활에서의 소비자들의 모습, 즉 욕실, 주

방, 세탁실 등에서 그들이 행동하는 모습을 직접 관찰하기 위해 가정으로 찾아가는 현장 조사의 선구자들이다. P&G의 한 전직 부사장은 아직도 1970년대 소비자들이 날카로운 드라이버나 면도칼 등으로 세제 포장을 뜯던 모습을 기억하고 있다. 예전부터 그렇게 해왔기 때문에 크게 문제될 것이 없어 보였다. 그러나 P&G는 조사 결과를 토대로 마분지에 플라스틱 도구를 붙여서 상자를 쉽게 여는 방법을 고안해 냈다. 이 디자인은 오늘날 보편적으로 사용되고 있다.

또 다른 예는 '액체 세제가 흘러나오지 않는 병주둥이'를 고안한 것이다. P&G는 액체 세제가 병 내부로 다시 흘러 들어가도록 병주둥이를 재디자인했다. 액체 세제를 부을 경우 세제의 일부가 병 밖으로 흘러나오는 문제점을 발견한 현장 조사자들은 재디자인의 필요성을 느꼈다. 하지만 소비자들은 오히려 문제로 인식하지 않았다. 왜냐하면 세탁기를 돌리기 전에 지저분한 빨랫감들로 흘러나온 세제를 닦아 주면 그만이라고 생각했기 때문이다. 평소 중요하게 생각하지 않던 문제를 해결한 세제 병에 대해 소비자들은 좋은 반응을 보였고, 그 결과 수백만 달러에 이르는 매출 증대를 이루어냈다.

동유럽에서의 현장 조사

현장 조사는 친숙하지 않은 신규 시장에 진입할 때 진가를 발휘한다. 가장 대표적인 사례는 P&G가 동유럽에 진출했을 때다.

1989년 베를린 장벽이 무너진 후, P&G는 수십 년에 걸쳐 서유럽에서 했던 것처럼, 한 나라씩 하나의 제품만을 갖고 조심스럽게 진출하는 방식을 택하지 않았다. P&G는 여러 나라들에 대략 5~7개의 제품을 갖고 거의 동시에 전격적으로 진출했다. 대신 그러한 진출에는 대규모 조사 프로그램이 수반되었다.

P&G는 5만여 명의 소비자들과 인터뷰를 실시했다. 조사자들이 첫 번째로 수행한 작업은 P&G 가정용품들이 동유럽의 생활에 얼마나 잘 들어맞을지 현장 조사를 하는 것이었다. 조사자들은 주거 공간을 살펴보고 무척 놀랐다. 미국에서는 아파트나 주택에서 1인당 평균 약 613평방미터의 생활공간을 갖고 있는 데 비해, 동유럽에서는 1인당 약 46평방미터의 작은 생활공간을 갖고 있었다. 거실이 곧 식당이었고, 커피 탁자가 곧 식탁이었다. 그리고 거실이 곧 침실이기 때문에 저녁이 되면 침대를 끌어내고 탁자는 한쪽으로 밀어 놓았다.

세탁은 통상 욕실에서 했다. 세제라고는 국영 기업에서 만든 제품뿐이었고, 그 세제는 세탁을 하려면 몇 시간 동안이나 미리 빨래를 물에 담가 놓아야 할 정도로 세척력이 약했다. 게다가 빨래를 넣어놓으면 아파트 전체에 역겨운 화학 냄새가 진동했다. P&G는 소비자들이 좀더 좋은 세탁 세제를 필요로 한다는 사실을 알고 있었지만, 정작 그들은 조사자들에게 나쁜 냄새에 대한 이야기는 전혀 꺼내지 않았다. 그리고 조사자들도 물어볼 생각을 전혀 하지 못했다. 단지 집 안에서 세탁하는 과정을 지켜봄으로써 조사자들은 냄새가 세탁력 못지않게 중요할 수도 있다는 통찰을 얻게 되었다. 결국 P&G는 가격대가 다른 세 가지 세제 브랜드를 선보였고, 얼마 안 가서 동유럽 시장에서 선도적인 세제 기업이 되었다.

06

주의 깊게 경청하라
소비자를 오해하기 쉽다

조사 방법의 함정에 빠지면 잘못된 결과가 나오게 된다.

P&G의 조사 방법은 꼼꼼하고 정확하다. 이는 오류를 방지하고 정보를 객관적이고 정확하게 활용하기 위한 것이다. 이와 같이 엄격하면서도 체계적인 접근법에 기초한 소비자 조사 관행은 본래부터 있었던 것이 아니라 우연한 사건을 계기로 생겨났으며, 어떤 면에서는 폴 스멜서(Paul Smelser) 박사의 호기심과 고집 덕택이었다.

P&G의 전 연구원이었던 스멜서 박사는 상품 시장의 변동을 예측하는 최초의 경제연구소를 세우기 위해 1923년에 채용되었다. 그러나 정작 그는 소비재 마케팅 분야에 관심을 쏟았다. 그는 P&G의 제3대 회장인 쿠퍼 프록터나 최고 경영층이 쉽게 대답하지 못할 질문을 던졌다. 주로 소비자들이 P&G 제품을 어떻게, 그리고 왜 사용하는지, 제품과 관련해 무엇을 좋아하며, 무엇을 더 좋아할 것인지와 관련된 질문이었다. 최고 경영층은 이 해답을 찾도록 그에게 자율권을 부여했다. 마침내 그는 이 일을 해냈으며, 그 과정에서 오늘날 소

비재 사업 분야 최고의 연구 조직으로 발전한 선구적인 소비자 조사 부서를 만들어냈다.

명확한 질문을 하라

스멜서 박사가 발견한 것 가운데 하나가 소비자들은 간단해 보이는 질문도 잘못 해석할 수 있다는 것이다. 그리고 질문을 이해했더라도 애매하게 대답할 수 있다는 것이다. 올바르게 질문을 하고 소비자들의 명확한 대답을 이끌어내는 것은 일종의 예술이다. P&G 연구원들은 지금도 그가 개발한 방법을 사용하고 있다.

예를 들어 P&G 상담원은 소비자들에게 왜 P&G의 타이드 세제를 사용하지 않느냐고 직접적으로 물어 보지 않는다. 소비자는 그것을 대답할 수도 없으며, 또한 타이드를 사용할지 여부 역시 대답할 수 없다. 결국 소비자의 대답은 가설에 불과하며, 또한 그 대답은 상담원이 어떤 대답을 듣고 싶어 할 것이라고 추측하는 소비자들의 생각에 의해 영향을 받을 수 있다. 소비자는 실제로 무엇을 사용하는지, 그리고 왜 사용하는지만을 대답할 수 있다. 이를테면, 소비자는 "나는 비누 거품이 덜 일어나는 세제를 사용한다"라고 대답할 수 있다. 이 대답은 상담원으로 하여금 소비자의 속마음을 알게 해주는 후속 질문, 예를 들어 "비누 거품이 덜 이는 것에 대해 말씀해 주십시오."라는 질문을 하게 만든다.

P&G 상담원은 소비자 대답에 담긴 모호성을 알아차리고, 의미가 명확해질 때까지 캐묻도록 훈련받는다. 소비자가 자신의 머릿결을 가장 깨끗하게 만들어 주기 때문에 다른 회사의 샴푸를 사용한다고 대답했다면, 상담원은 소비자가 말한 '깨끗함'이 무엇을 의미하는지 다시 질문한다. 즉, 기분으로 느끼는 깨끗함인지, 아니면 외관상으로

보이는 깨끗함인지, 그 깨끗함이 더러운 것이 없다는 의미인지, 비듬이 없다는 의미인지, 아니면 가려움이 덜하다는 의미인지, 그리고 깨끗한 머릿결이란 청결한 것인지, 매끄러운 것인지, 생동감이 넘치는 것인지, 보슬보슬한 것인지, 윤기 나는 것인지, 빗기 좋은 상태인지를 묻는다.

소비자들은 똑같지 않다. 차이를 이해하고 조사 대상을 정의하라

만약 당신이 지프(Jif) 땅콩버터를 판다면, 땅콩버터를 사 먹거나 아이들을 위해 버터를 사는 사람들과 이야기하려고 할 것이다. 만약 헤드 앤 숄더(Head & Shoulders) 샴푸를 판다면, 비듬이 있는 사람들과 이야기하고 싶을 것이다. 만약 클리어라실(Clearasil) 피부약을 판다면, 여드름이 난 청소년들과 이야기하고 싶을 것이다. 이것은 매우 분명해 보인다.

하지만 이러한 소비자 집단으로부터 얻는 대답은 그 집단 내에 존재하는 세분시장들 간의 중요한 차이를 가릴 수 있다. 따라서 클리어라실을 팔려고 한다면, 소녀와 소년 간, 또는 10대 이전과 10대 간의 관점의 차이가 조사에 대한 서로 다른 반응으로 나타날 것인지 알아둘 필요가 있다. 또한 조사 대상을 반복적인 피부약 사용자로, 또는 일시적인 사용자로, 또는 사용자로 전환될 수도 있는 비사용자로 좁혀야 할까? 또는 브랜드에 대한 충성 고객으로, 또는 브랜드들 사이를 왔다갔다하는 사용자로, 또는 경쟁 브랜드의 충성 고객으로 좁혀야 할까? 이에 대한 대답은 당신의 목표에 달려 있다.

지각과 관련된 소비자 의견에 대해서는 조심스럽게 접근하라

만약 타 제품에 비해 손색이 없을 정도로 순하면서 세척력은 높은 새로운 세제를 개발했다면 어떻게 될까? 순한 연성 세제 사용자들에게 이 신제품을 블라인드 테스트한다면 이길 수도 있다. 그러나 막상 이것을 시장에 들고 나가 연성 세제 사용자들에게 기존 제품들보다 세척력이 높아졌다고 말한다면, 소비자들은 오히려 이 제품이 옷감을 상하게 하지는 않을까 하고 의구심을 품는다. 소비자들은 통상 세제의 세척력과 세제의 연성은 서로 상충된다는 인식을 갖고 있다. 제품이 시장에서 성공하려면 이러한 지각의 문제가 고려되어야 한다.

P&G는 오렌지 주스 사이트러스 힐(Citrus Hill) 브랜드에 대한 제품 테스트 결과를 해석하면서 비슷한 어려움을 겪었다. 블라인드 테스트에서 소비자들은 사이트러스 힐의 맛을 선호했다.

그러나 맛은 매우 주관적인 것이고, 또한 신선도에 대한 소비자 지각과 연계되어 있었다. 소비자들은 트로피카나 오렌지 주스가 더 신선한 것으로 인식하고 있었다. 진하기도 하고 묽기도 한 트로피카나 주스의 농도 차이는 제품의 신선도를 보증해 준다고 생각했다. 왜냐하면 오렌지의 신선도는 운반 상자별로 다르므로 농도의 차이는 자연스러운 것으로 인식되었다. 소비자들은 공정을 개선하여 농도 차이가 제거된 사이트러스 힐보다는 트로피카나가 신선한 진짜 오렌지 주스라고 생각하고 이 주스가 더 입맛에 맞는다고 느꼈다. P&G는 오렌지 주스는 기술 개발을 통해 쉽게 개선할 수 없는 제품이라고 결론짓고 사이트러스 힐 브랜드를 팔아 버렸다.

잘못된 정보보다는 차라리 정보가 없는 편이 낫다

P&G는 정보의 질과 신뢰도에 세심한 주의를 기울인다. 자료를 끊임없이 점검하고 검증한다. 문제가 있는 정보는 가능한 한 세심하게 확인하거나 무시해 버린다.

이와 같은 믿음은 스멜서 박사로부터 시작되었다. 그는 조사 결과에 의해 잘못된 의사 결정이 내려질 수 있으므로 잘못된 조사를 하느니 조사를 하지 않는 것이 낫다고 믿었다.

그의 부서가 카메이(Camay) 비누 제품에 사용할 가장 적합한 향기를 결정해야 했을 때, 그는 우선 여성들에게 향수를 직접 맡아 보게했다. 하지만 그는 향수의 향은 비누에 포함되어 용해되었을 때와 다르며, 향의 강도는 비누가 사용되는 과정에서 변한다는 사실을 나중에야 알게 되었다. 맨 처음에 했던 시장조사는 쓸모가 없어졌다. 그리고 그때부터 비누나 치약 등 모든 제품의 시장조사는 사용 중인 상태에서 실시하게끔 했다.

자료가 잘못 활용되는 것을 예방해야 한다는 시장조사 규율은 오늘날에도 P&G 시장조사 방법론의 핵심으로 남아 있다. 예를 들어 계량적 시장조사 결과를 보고할 때는 반드시 자료의 통계적 유의성을 함께 보고한다. 시장에서의 실질적 차이를 반영하기보다 통계적 변이의 결과로 나타났다고 보이는 수치에는 경고 표시를 붙이거나 참고 사항으로 분류한다.

자료를 있는 그대로 유지하라

스멜서 박사는 객관성을 유지하기 위해서는 사실들이 제시할 수도 있는 시사점과 사실 자체를 분리하는 것이 중요하다고 믿었다. 또한 자신의 조사 보고서는 편집된 내용이 아니라 사실을 담고 있어야 한다고 믿었다. 그리고 조사 연구를 의뢰했던 사람들이 어떤 행동을 취해야 할지 스스로 결정할 수 있어야 한다고 믿었다.

이러한 신념은 오늘날까지 계속되고 있다. 시장조사 부서에서 브랜드 담당 부서에 완료된 조사 프로젝트의 결과물을 보고할 때, 조사자들이 수집한 자료를 분석하지 않도록 유의한다. 전 브랜드 조사 감독자인 앨런 레이디는 자료를 갖고 어느 것도 말하지 않고 자료를 보고하는 것이 임무였다고 말한다. 그 이유는 무엇일까? 자료로부터 도출된 어떤 결론을 갖기 시작하면, 그때부터 자료의 객관적인 내용을 왜곡시키는 주관적인 편견이 개입될 위험이 있기 때문이다. 따라서 그 정보를 분석하는 것은 시장조사 부서가 아닌 브랜드 담당 부서가 할 일이다.

그러나 시장조사 부서의 역할은 자료 보고만으로 끝나지 않는다. 자료에 대한 브랜드 담당 부서의 분석은 메모의 맨 앞에 다음과 같은 진술을 포함하도록 되어 있다. "시장조사 부서(담당자명)는 이 요약이 기술적으로 정확하며 조사 결과와 일치한다는 점에 동의한다." 그리고 이 문장의 오른쪽에는 담당자의 서명이 들어간다. 브랜드 담당 부서는 자료가 잘못 해석되지 않았다는 점을 확인받기 위해 조사 감독자의 서명을 받아야 한다. 조사 감독자의 입장에서는 이것을 가볍게 다룰 수 없다. 조사 감독자가 서명한 보고와 분석은 다시 그의 상사에 의해 세심하게 검토되기 때문이다. 그래서 브랜드 담당 부서와 조사 감독자 간의 회의는 종종 열띠게 된다. 하지만 그 결과 견고하고, 올바로 이해된 자료를 토대로 정교한 분석이 이루어진다.

만약 조사 감독자가 사인을 하지 않는다면 무슨 일이 일어나는가? 일의 진행이 안 되는 건 아니다. 하지만 전임 P&G 회장인 브랜드 버틀러(Brad Butler)의 말에 의하면, 의문이 존재하고 대답이 명확하지 않으면 최소한 두 개의 관점이 제시되게 한다. 차이를 해결하는 이같은 방식은 최종 결정이 개인적 의견보다는 지식과 지혜에 기초해서 내려질 가능성을 높여준다.

정성적 조사는 신중하게 사용하라

P&G는 표적집단(Focus Groups) 조사와 같은 정성적 연구 조사를 활용할 때는 세심한 주의를 기울인다. 표적집단 조사를 통해 섬유 유연제를 사용하는 것이 좋은 엄마가 되는 것과 어떤 지각된 관련성을 갖고 있는지, 또는 소비자들이 바운티 종이 타월의 흡수성을 보여주는 새로운 방식에 대해 어떤 종류의 반응을 보일 것인지에 대한 통찰을 얻을 수 있다.

하지만 P&G는 서너 개의 표적집단 조사에 기초해서 결론을 일반화시키거나 주요 결정을 내리지는 않는다. 제품 개발 부서나 브랜드 담당 부서 중 누가 조사 요청을 하든, 표적집단 조사의 목적은 더 진전된 탐색을 위한 가설을 개발하기 위한 것이거나 정량적 조사를 설계하는 데 도움을 주기 위한 것이다. 또는 제품 컨셉에 대한 예비적인 소비자 반응을 알아보기 위한 것이다. 표적집단 조사에 대한 요청 절차는 조사가 본래 목적에서 벗어나지 않게 하는 역할을 한다.

조사 훈련 프로그램

P&G의 조사 훈련 프로그램을 보면 P&G가 의미 있고 신뢰할 만한 자료를 수집하기 위해 조사 방법에 얼마나 큰 비중을 두고 있는지 알 수 있다. 릭 스나이더의 경험이 전형적인 예다. 스나이더는 오하이오 주립대에서 MBA를 받았는데, 브랜드 관리자의 조사 계획에 대해 조언을 제공하고, 질문지를 개발하고, 현장을 감독하고, 그리고 조사 결과를 요약 정리하는 브랜드 조사 감독자가 되기 위해 채용되었다. 그러나 그는 1년 이상 훈련을 받고 나서야 비로소 해당 직무를 맡을 수 있었다.

회사에 들어와 처음 한 달 동안은 주 5일 동안 매일 여덟 시간을 소비자와 전화 인터뷰를 하며 자료를 수집하는 일을 했다. 그러나 이때 수집된 자료는 이용되지도 않았다. 전화 인터뷰는 훈련 목적으로 행해진 것이었다. 전화 인터뷰가 끝나면 옆에 있는 훈련관에게 보고를 해야 했다. 그는 소비자들이 어떻게 질문에 응답하는지, 어떻게 소비자와 이야기해야 하는지, 어떤 식의 질문이 오해를 일으키는지를 배우게 되었다. 그는 제품의 사용 여부를 묻는 질문, 어떤 속성을 평가하기 위한 질문, 자유로운 대답을 이끄는 질문 등을 하는 방법을 배웠으며, 불완전하고 모호한 대답을 확인하고 더 명확한 대답을 이끌어내는 방법도 배웠다.

그 뒤 스나이더는 P&G의 다양한 연구조사 프로젝트를 위해 전화 인터뷰를 하거나 직접 현장 인터뷰를 하면서 거의 1년을 보냈다. 현장 인터뷰를 통해 그는 소비자들이 질문에 대답하는 방식에 대한 이해의 폭을 넓힐 수 있었다. 더 나아가 소비자를 대하는 방식, 인터뷰를 일상 대화처럼 느끼게 만드는 방법을 배웠다. 또한 인터뷰의 전체적인 틀을 암기하는 방법을 배웠는데, 그래서 인터뷰를 할 때 굳이 질문지를 사용하지 않아도 되었다. 스나이더는 이렇게 말했다. "내가 1년 동안 인터뷰를 하면서 마케팅 조사에 대해 배웠던 것이 그 이후 20년 동안 배웠던 것보다 더 많습니다."

07

판매한 후에도
계속 귀를 기울여라

대부분의 회사는 고객 관계를 불만 처리와 관련된 것으로 좁게 생각한다.
하지만 P&G는 고객 관계를 하나의 기회로 인식한다. 적극적으로 자사 브랜드 사용자의
피드백을 구하고 거기에 대응함으로써 고객 관계를 강화해 나간다.

P&G는 가능한 한 모든 고객의 편지에 응답해 왔다. 통상적으로
편지나 편지 발췌문, 이메일, 그리고 내방전화 요약문은 브랜드 관리
자, 제품 개발부서, 생산부서, 그리고 최고 경영층에 전달된다.

1970년대에 P&G는 좀더 많은 자료를 얻고 한층 더 완벽하게 대응
하기 위해 전화통화 내용의 일부를 점검하기 시작했다. 그 당시 던컨
하인스(Duncan Hines) 브랜드 부서는 포장지에 적힌 800번 무료 전
화번호를 통해 브라우니 땅콩 초콜릿 믹스에 대한 고객의 반응을 적
극적으로 알아보기로 결정했다. 1981년까지 모든 P&G 포장에는
800번 전화번호가 적혀 있었다.

회사는 1년에 거의 3만 통이 넘는 전화를 받는다. 전화에 응답하는
고객 관계 담당 직원들은 P&G의 브랜드, 제품 사용법을 설명하는
방법 그리고 고객의 불만에 대응하는 방법에 대해 지속적인 훈련을
받는다. 그들은 이러한 과정을 통해 소비자들의 문제를 신속하게 파

악하고 대처 방안을 찾아낸다.

조기 경보 시스템으로서의 고객 관계

일례로, P&G는 팸퍼스와 루브스(Luvs) 기저귀의 성능을 향상시키는 과정에서 잠금 테이프의 디자인을 변경해야 했다. 그런데 재디자인은 개발 과정이나 통상적인 공장 검사과정에서 발견되지 않은 제조상의 흔치 않은 결함을 가져왔다. 부모들은 잠금 테이프를 떼려고 할 때 기저귀 천이 찢어진다고 화를 냈다. 몇 통의 항의 전화가 오자마자 이 사실은 공장에 알려졌고 문제점은 곧 시정되었다. P&G는 전화를 걸어 주었던 소비자들에게 전화를 걸어 감사하다는 말과 함께 문제점이 해결되었다는 점을 확인시켜 주고, 답례의 표시로 새롭게 개선된 제품 샘플을 보냈다.

조사 도구로서의 고객 관계

또 다른 예로, 오일 오브 올레이(Oil of Olay) 로션과 관련하여 제일 많이 물어오는 소비자 문의는 향이 없는 로션이 나왔는지에 대한 것이었다. 당연하게도, 해당 브랜드 부서는 그 단서에 착안해 무향 로션을 개발했다. 중요한 것은 ─ 그리고 전화 상담원이 소비자와 가지는 접촉의 질을 드러내 보이는 것은 ─ 브랜드 담당 부서가 올레이 로션과 관련해 소비자와 접촉을 가졌던 전화 상담원들을 대상으로 핵심 혜택에 대한 아이디어를 얻기 위해 표적집단 조사를 실시했다는 점이다.

그리고 브랜드 담당 부서는 포장에 사용할 단어에 대한 의견을 듣기 위해 전화 상담원을 대상으로 추가 표적집단 조사를 실시했다. 무향 제품이 시장에 출시되자 전화를 해주었던 소비자들에게 전화를 걸어 감사의 말과 함께 이제부터는 제품을 구할 수 있다는 소식을 전하고, 무료 샘플이나 할인 쿠폰을 보내 주었다.

고객과의 관계 구축

홍보 담당 선임 부사장인 샤를럿 오토는 이런 말을 했다. "우리는 우리 브랜드들을 거의 50억에 이르는 고객들에게 마케팅하고 있지만, 우리 브랜드들은 고객들과 일대일로 관계를 맺고 있습니다. 그것은 고객 관계가 강력한 경쟁 우위의 원천이기 때문입니다. 우리는 고객을 한 가지 방식으로 대하지 않습니다. 한 명 한 명 모두 다르게 대합니다."

| 월등한 제품을 만들어라 |

P&G는 고객을 존중하기 때문에 고객에게 진정한 가치를 제공하는 제품을 개발하는 것을 사명으로 삼고 있다.

08

혁신에 투자하라

더 좋은 제품은 우연히 만들어지지 않는다. 자신의 분야에서 기술의 선두 주자가 되려고
노력하는 회사는 계속적으로 최고의 제품을 개발하는 회사가 된다.

"사람들은 P&G를 마케팅 기업으로 생각하지만, 우리는 다른 무엇
보다도 연구개발 기업이다. 연구개발은 우리 사업의 생명선이다."
- P&G 최고 경영자, 존 페퍼

P&G는 250여 가지의 특허 기술을 보호하는 2,500개 이상의 특허
권을 보유하고 있다. P&G는 세계 각처에 있는 17개 연구 센터에서
일하는 7,000여 명의 과학자를 고용하고 있다. 이들 중에 1,250여 명
의 박사급 과학자들이 있는데, 이는 하버드대, MIT대, 스탠포드대,
도쿄대, 왕립 런던대의 과학 분야 박사들보다 그 수가 많은 것이다.
 P&G 성공의 계기들은 획기적인 기술 발전과 발명, 다른 제품 분
야로의 기술 응용을 통한 주요 제품 혁신들과 궤를 같이 한다.

 • 아이보리(1879) 아기피부에 발진을 일으키지 않는 최초의 다목

적 비누

- 부동성 아이보리(1879) 물에 뜨는 최초의 조각 비누
- 크리스코(1911) 최초의 다용도 제과용 버터
- 타이드(1946) 최초의 고효율 세탁용 합성 세제
- 크레스트(1955) 최초의 불화물 치약
- 코메트(1956) 최초의 표백 기능을 지닌 세탁 세제
- 팸퍼스(1956) 최초의 효과적이면서 경제적인 1회용 기저귀
- 헤드 앤 숄더(1961) 최초의 효과적인 비듬 제거 샴푸
- 바운스(1972) 건조기에 넣는 최초의 섬유유연제
- 디드로넬(1978) 뼈를 강화하는 최초의 골나공증 처방약
- 리퀴드 타이드, 에리얼, 비지어(1984) 최초의 액체 세제
- 치석 예방용 크레스트(1985) 치석을 효과적으로 예방하는
  최초의 치약

중요한 신기술을 개발하는 데 몇 년씩 걸렸고, 그것을 완성하는 데에도 몇 년씩 걸렸다. 앞에서 설명했던 팸퍼스의 경우, 1954년에 시작되었으나 이 제품을 개발하고 전국 판매를 위한 생산을 하기까지 무려 10년이 넘게 걸렸다. 팸퍼스는 아기 피부와 흡수제 사이에서 배설물이 흡수제 쪽으로는 통과하지만 반대 편으로는 통과되지 않는 침투성 종이 천을 만들자는 아이디어에서 시작되었다.

그러나 이것은 단지 시작에 불과했다. 1967년 연구 팀에서는 나무 섬유를 덜 사용하지만 좀더 부드럽고 강하면서도 흡수력이 우수한 3차원 종이 구조를 만들어내는 습식 직조 섬유 반죽 과정을 개발했다. 그들은 계속적으로 과정을 개선했고, 그 결과 1985년 다른 회사에서는 미처 생각지도 못한 종이 제조 과정에 대한 특허권을 얻어 냈다.

또한 주석이 함유된 불화물이 충치를 억제할 수 있다는 사실을 발견한 후로부터 1955년 크레스트 치약을 시판하기까지는 무려 15년이나 걸렸다.

새로운 감자칩인 프링글스(Pringles)는 자그마치 25년 동안 실패만 거듭했다. 하지만 P&G는 결코 포기하지 않았다. 건조된 감자를 테니스볼 통 모양의 용기에 담을 수 있도록 타원 모양의 칩으로 만드는 기술은 일찍 개발되었다.(테니스볼 통 용기는 부서지거나 신선도가 떨어지는 기존의 감자칩 포장 방식의 문제점을 해결하기 위한 것이다.) 그러나 소비자들은 실제의 감자칩 맛을 좋아했다. 이 맛을 개발하는 데 몇 년이 걸렸다. 마케팅 방법을 찾는 데는 얼마 걸리지 않았다. 오늘날 프링글스는 미국 내에서 매우 커다란 성공으로 인정받을 뿐만 아니라 P&G의 최고 수출 품목이다.

팬틴(Pantene)은 P&G가 1985년 리처드슨 빅스(Richardson-Vicks)를 흡수하면서 같이 따라 들어온 작은 샴푸 브랜드였는데, 백화점에서 높은 가격으로 판매되는 고급 상품이었다. 매출 증대를 위해 가격과 유통 정책에 일부 변화가 있었으나 눈에 띄는 큰 변화는 없었다. 그러다가 P&G가 '둘을 하나로' 만드는 기술을 이용해 그것을 샴푸이면서 머릿결을 건강하게도 해주는 컨디셔닝 제품으로 전환시킨 후 큰 성공을 거두었고, 지금은 전 세계적으로 10억 달러를 벌이는 제품이 되었다.

올레스트라(Olestra)는 튀긴 거라서 동물 지방과 같은 맛을 내지만 지방보다 소화가 잘 되는 지방 대용품이었다. P&G는 올레스트라가 다소 소화상의 문제를 일으켰지만, 이 문제를 해결하고 식품의약국(FDA)의 승인을 얻었다. CEO인 존 페퍼는 올레스트라가 보여 준 비약적인 기술 발전을 회사 역사상 모범 사례가 될 만한 혁신의 하나로 생각하고 있다. 이 기술은 30여 년 전 P&G 연구실에서 시작되었다.

P&G는 올레스트라가 과연 무엇이며, 어떤 용도로 사용될 수 있을 것인지에 대해 다양한 시도를 해보았다. 한편 P&G는 FDA와는 여러 차례 줄다리기를 해야 했다. 그러나 수백만 달러를 써가면서도 인내심과 끈기를 잃지 않았고, 드디어 P&G의 지방 대용품 브랜드인 올레안(Olean)이 탄생했다. 이 브랜드는 수십억 달러를 벌어들일 충분한 잠재력을 가지고 있다.

핵심은 앞을 내다보는 것이다. P&G는 10년 후 시장에서 빛을 볼 수 있는 획기적인 혁신 뿐만 아니라 다음 해의 제품 개선을 기대하면서 연구개발비로 1년에 13억 달러 이상을 쏟아 붓고 있다. 해가 갈수록 P&G의 연구개발 지출은 금액 면에서나 매출액 대비로나 경쟁사의 지출을 훨씬 앞지르고 있다.

지나칠 정도로 기술을 중시하라

신기술에 기초한 제품이 처음부터 항상 성공하는 것은 아니다.
실수에 대해 인내심을 가져라. 제품을 개선하라. 소비자가 의구심을 갖는 것에 대처하라

P&G는 새롭거나 탁월한 기술에 기초한 제품들에 대해 상당한 인내심을 갖고 있다. 어떤 사람들은 이를 기술 근시안이라고 비판하지만, 다른 사람들은 기술에 대한 기업 투자의 일부라고 말한다. 이러한 인내와 고집의 대가로 P&G는 팸퍼스, 크레스트, 프링글스, 팬틴과 같은 중요한 제품을 얻었다.

물론 P&G가 성공시키지 못한 제품들도 있다. P&G의 어느 누구도 새로운 기술을 사장시키길 원하지 않는다. 예를 들어 냉동 디저트 믹스인 콜드 스냅(Cold Snap)은 소비자들이 아이스크림 대용으로 냉동 디저트를 직접 만들어 먹을 수 있게 하는 혁신적인 기술을 이용한 제품이었다. 지금 생각해 보면 다소 결점이 있는 아이디어였기 때문에 훨씬 전에 사장되었어야 했다.

P&G의 전 브랜드 관리자는 다음과 같이 말했다. "그들은 그 기술에 너무 몰입되어 있었습니다. 그들은 소비자들이 그 제품을 먹도록

설득하려고 했습니다. 하지만 소비자들이 좋아할 만한 맛이 아니었습니다. 먹는 것 자체가 일종의 고통이었습니다. 하지만 그들은 한참이 지날 때까지 그것을 포기하지 않았습니다."

그러나 P&G는 그 실수로 인해 값비싼 대가를 치르지는 않았다. 왜냐하면 이 제품은 시험 시장 밖으로는 출시되지 않았기 때문이다.

소프트 음료 시장에서 P&G의 실수를 보면 P&G가 제품 기술에 얼마나 초점을 맞추고 있는가를 알 수 있다. 주엘레네 백은 P&G가 오렌지 크러시(Orange Crush) 브랜드를 사들인 다음해 P&G에 합류했다. 그녀는 아더 리틀(Arthur D. Little) 사에 근무했었는데, 그곳에서 식품과 음료 사업에 대해 약간의 경험을 한 바 있었다. 그녀는 P&G에 대해 다음과 같이 말했다.

"P&G는 지속적으로 제품의 우월성을 추구해왔습니다. 더 나은 제품을 만들고 광고에서 주장한 바를 뒷받침하기 위해서 말이죠. 그들은 그 제품이 이미지가 중요한 역할을 하는 카테고리에 속해 있다는 사실을 이해하지 못했습니다. 재미와 아이덴티티에 있어서, 펩시는 멋진 미녀입니다. 젊은이들은 해변가의 젊은 미녀들과 일체감을 느끼지요. 이에 비해 P&G는 맛의 탁월성만 증명하려고 노력해왔습니다. 그러나 무엇보다 놀라운 사실은 자신들 앞에 놓인 것이 과연 무엇인지를 귀담아들으려 하지 않았다는 점입니다. 그들은 기술적 우위성만으로는 시장에서 승리할 수 없다는 사실을 인정하지 않으려는 것처럼 보였습니다." P&G는 결국 이 탄산음료 브랜드를 캐드버리 스웨프스 사에 팔고 말았다.

엔카프린(Encaprin) 역시 마찬가지였다. 엔카프린은 위를 자극하지 않는 진통제 브랜드로, 위를 통과한 후 약이 용해되게 하는 기술을 사용한 제품이었다. 이 제품은 네 시간마다 약을 먹어야 할 정도의 아스피린 과다 복용자에게는 이상적인 제품이었다. 그러나 대부분의 사람들은 통증을 예상해서 아스피린을 복용하지는 않는다. 사람들은 통증이 올 때마다 아스피린을 복용하며, 그 약이 곧 통증을 없애 줄 것으로 생각한다. P&G는 과다복용 시 위를 자극하는 문제에 대한 멋진 해결책을 통해 아스피린을 찾는 소비자들의 습관을 바꿔놓을 수 있을 것이라고 생각했다.

이부프로펜 계열 진통제라는 점이 경쟁우위 요인이 된다고 판단하고, P&G는 광범위한 테스트에 시간을 허비하지 않았다. 통상적인 시험 마케팅 절차가 생략되고 전국적으로 엔카프린이 뿌려졌다. 결국 이 제품은 값비싼 실패가 되었다.

그러나 이러한 실수들은 P&G가 새로운 제품 기술을 고집함으로써 얻게 되는 성공들에 의해 상쇄되고도 남는다.

10

제품은 기능을 발휘하는 만큼 가치가 있다

제품에 대해 소비자가 느끼는 진정한 가치는
포장이나 이미지에 기초한 편익보다는 기능적인 편익의 결과이다.

P&G는 세탁물을 깨끗하게 만드는 세제, 충치를 예방하는 치약, 머리를 깨끗하게도 하고 건강하게도 해주는 샴푸, 아기들의 엉덩이를 항상 뽀송뽀송하게 하는 기저귀 등을 만들었다. 제품은 실험실에서 경쟁사 제품과 성능 비교에 의해 평가받는다. 소비자는 혁신적인 제품이 나오면, 다른 제품의 기능과 비교한다. 예를 들어 팸퍼스가 처음 개발되었을 때, 소비자들은 천기저귀와 비교해서 평가했다. 만약 주목할 정도로 뛰어나지 못하다면, 이것은 P&G의 기준에 못 미치는 것이다. 마케팅 용어로, '품질' 은 대개 '경쟁 제품 대비 우월성' 으로 표현된다.

제품이 경쟁사에 비해 특별히 나은 것이 없는 경우

P&G에서는 제품 성능의 중요성을 강조하기 위해, 신입사원들에게 1980년대에 개발된 부채꼴 모양의 비누 제품인 몬첼(Monchel) 이

야기를 들려준다.

이 제품은 장식적 요소, 예를 들어 평범하지 않은 모양, 향기 그리고 포장 때문에 블라인드 테스트에서 경쟁사 제품을 눌렀다. 하지만 이 제품은 경쟁사인 유니레버의 도브 비누에 비해 성능 면에서 그다지 나은 점이 없었고, 결국 실패로 끝나고 말았다. P&G에서는 우월한 성능을 가진 제품을 개발하지 못했기 때문에 실패했다고 결론을 내렸다.

제품 자체보다 덤으로 주는 공짜 경품이 더 중요한 경우

P&G 시스템은 제품 성능 외에 다른 이유로 살아남아 있는 브랜드들과는 잘 맞지 않는다. 한때 P&G에서는 제품 성능과는 관계가 멀고 오히려 제품에 붙은 사은품. 때문에 팔리는 세제 제품을 판매한 적이 있다. 더즈(Duz)와 보너스(Bonus)라는 제품이었다. 더즈 세제에는 포장 상자 속에 공짜 유리잔이나 접시가 들어 있었고, 보너스 세제에는 행주나 타월이 들어 있었다. P&G는 경쟁사인 유니레버의 브리즈(Breeze)라는 경품 제공 제품과 경쟁하기 위해 이 브랜드들을 내놓았던 것이다.

이 브랜드들은 세제의 품질보다는 접시나 타월의 디자인에 대한 소비자의 선호에 기초해 경쟁하고 있었다. 보너스 브랜드 팀의 팀원이었던 빌 코르데스에 의하면, 이 브랜드들은 18개월마다 전부 다시 만들어져야 했다고 한다. 디자인이 변경된 타월은 제품이 수정될 때마다 소모적인 테스트를 거쳐야 했고, 표준 절차에 따라 포장이 바뀔 때마다 소위 관리 위원회로부터 검토를 받아야 했다.

그럼에도 불구하고 이 제품은 유니레버 사의 브리즈와 효과적인 경쟁을 벌이지 못했다. 유니레버 사는 디자인 면에서 앞섰으며 P&G

보다 한발 앞서 시장에 출시되었다. P&G의 전문 기술이나 세심한 절차도 행주나 타월 디자인의 마케팅에는 적합하지 않았다. 마침내 1978년에 더즈와 보너스 세제는 시장에서 철수되었다.

깔끔한 포장이 제품보다 더 중요한 경우

P&G는 액체 손비누를 마케팅하면서 제품의 기능성에 초점을 맞추었다. 아마도 보너스 세제의 경험에서 배운 교훈이 반영된 것으로 보였다.

P&G는 1980년대 초반 손을 깨끗이 하면서 동시에 피부를 보습하는 제품을 개발하고 나서야 액체 비누 시장에 진출했다. 브랜드 팀은 소비자 조사를 통해 소비자들이 액체 비누에서 원하는 것이 세정과 보습을 동시에 할 수 있게 해주는 비누 자체가 아니라, 너저분해 보이는 비누 접시를 없애버리고 손님들에게 말끔하게 보일 수 있는 예쁘장한 액체 비누통(dispenser)이라는 사실을 알아냈다. 브랜드 팀은 전형적인 미국식 욕실의 장식들에 걸맞은 포장 그래픽을 개발하기 위해 인테리어 디자이너를 고용했다. 이 제품은 블라인드 테스트를 거쳤는데, 주로 포장 때문에 소비자들이 선호했다.

브랜드 팀은 리조이스(Rejoice)라는 이름을 붙였고, 시험 판매를 하려고 준비하고 있었다. CEO와 임원들이 제품 포장을 검토했는데, 당시 CEO였던 존 스메일은 "도대체 브랜드 로고는 어디 있습니까?"라고 물었다. 소비자의 입장에서 욕실의 장식에 잘 어울리게 하기 위해 포장에 브랜드 로고와 포지셔닝 관련 문구를 넣지 않았다고 대답하자, 그는 다음과 같이 말했다.

"우리의 사업은 소비자들에게 분명하게 식별할 수 있는 브랜드명과 포지셔닝을 가진 뛰어난 제품을 제공하는 것입니다. 우리는 예쁘장한 포장에 의존해 경쟁하는 방식으로 사업을 해오지 않았습니다."

결국 이 제품의 포장은 로고가 확연히 드러나는 크레스트 치약의 포장을 연상시키는 디자인으로 재설계되었다. P&G는 예쁘장한 포장을 한 제품을 내놓을 수도 있었지만 그렇게 하지 않았다. 포장 디자인이 아니라 제품의 성능에 기반을 둔 경쟁 방식을 선택한 것이다. 그런데 이 제품은 시험 시장에서 실패했다. P&G가 제품을 많이 팔려고 했다면 예쁘장하고 깔끔한 포장을 사용했어야만 했다. 그러나 P&G는 그 길을 선택하지 않았다. 소비자들은 성능에만 기반을 둔 제품을 받아들이지 않았고, P&G는 포장에 기반을 두고 경쟁하기를 거부하였다.

이것이 P&G가 마케팅 수단으로서 스타일이나 이미지를 거부하고 있다는 점을 보여 주는 것은 아니다. 단지 그것에서부터 시작해서는 안 된다는 것이다. 제품은 우수한 성능을 제공해야 한다. 이것은 제품의 핵심이며 브랜드를 판매하는 스타일이나 이미지에 있어서 없어서는 안 될 매우 중요한 것이다.

11

최고가 되는 것은 아무리 많이 노력해도 충분하지 않다

일단 제품을 개선했다 하더라도 뒤이어 다시 개선해야 한다.

과정은 끝이 없다. 모든 P&G 제품은 끊임없이 개선된다. 한 예로 P&G는 그 유명한 타이드 세제의 제조공법과 포장을 70번이나 넘게 개선했다. P&G는 크레스트 치약을 여러 차례 개선해서 성공을 거뒀다. 처음에는 주석이 함유된 불화물 치약을, 1955년 후반에는 충치 예방에 훨씬 더 효과적인 나트륨 불화물 치약을 개발했다. 이후 연구자들은 치석 제거 제품에 도전했다. 문제는 치석이 치아에 달라붙는 방식과 불화물이 치아와 상호작용하는 방식이 거의 유사하다는 것이었다. 치석에 효과적인 요소들은 거의 다 불화물에도 동일한 결과를 가져왔다. P&G 연구자들은 불화물에 영향을 덜 미치면서도 치석을 줄이는 가용성 초인산염이라는 치석 예방 성분을 발견했다.

당시 〈월스트리트 저널〉은 이 치석 제거 치약을 10년에 한번 나올 만한 획기적인 제품의 하나로 평가했다. P&G는 대부분의 주요 경쟁 브랜드들이 이 성분을 사용할 수 있도록 허가하고 있다.

｜독특한 브랜드를 창조하라｜

코카콜라, 아비스, 말보로, 아나신, 나이키, 쉐보레, 시어즈. 사람들은 이 브랜드들이 어떤 제품 범주에 속하는지 알고 있으며, 다른 브랜드들과 어떻게 다른지에 대한 인상을 가지고 있다. 또한 각각의 브랜드들에 대한 긍정적이거나 부정적인 감정을 가지고 있다. P&G는 소비자들이 자사의 모든 브랜드들과 그와 같은 연계를 만들길 원한다.

12

소비자들이 사는 것은 제품이지만 선택하는 것은 브랜드다

소비자는 제품이 아니라 브랜드와 관계를 형성한다. 브랜드는 각자 독특한 개성과 인격(character)을 가지고 있다. 이러한 개성과 인격은 소비자와 감정과 신뢰에 기초한 관계를 형성하게 해주고 경쟁 브랜드와 차별화시켜 준다.

예를 들어 포드, 리바이스, 휴렛팩커드, 애플, 코카콜라처럼 몇몇 회사의 이름은 브랜드와 동일하다. 그리고 일부 소비재 기업들은 종종 자신의 회사명을 브랜드에 빌려 준다. 말하자면 콜게이트 치약, 팔모리브 액체 세제, 유니레버 2000 비누, 존슨 앤 존슨 베이비 파우더, 암 앤 해머 치약, 캘로그 콘프레이크, 하인즈 케첩, 허쉬 초콜릿, 캠벨 수프 등을 들 수 있다. 이에 비해 P&G는 회사명과 브랜드를 연계시키지 않는다. P&G에서는 새로운 브랜드가 생겨날 때, '프록터 앤 갬블 사의 신제품'이라는 문구를 초기 6개월 동안만 광고의 말미에 사용하도록 허용하고 있다. 이 기간이 끝나면 모든 P&G 브랜드는 자기 힘으로 독립해야 하며 자신들만의 소비자 관계를 만들어야 한다.

P&G의 브랜드들이 자립해야 한다는 사실은 개별 브랜드의 고유성에 대한 P&G의 신념과 고객들과의 충성 관계 구축에 있어 브랜드

들의 중요성을 반영한다. P&G의 전 CEO였던 에드 알츠는 다음과 같이 말했다.

"브랜드 충성도는 우리 사업의 기반입니다. 갓 엄마가 된 여성들은 매주 어떤 기저귀를 살 것인지를 결정합니다. 그리고 대부분의 소비자들은 1년에 열 번 혹은 열두 번 박스 단위로 세제를 구입합니다. 구매 결정을 할 때마다 다른 브랜드로 변경할 가능성이 존재합니다."

브랜드 자산은 신뢰의 문제다

소비자들이 브랜드와 맺는 관계를 브랜드 자산이라고 부른다. 다음과 같이 생각해 보자. 어떤 주부가 아이들의 치약을 사려고 쇼핑을 하고 있다. 거기에는 충치를 예방한다는 두 개의 브랜드가 있다. 하나는 섬미트이고, 다른 하나는 크레스트다.

그 주부는 크레스트를 사려고 한다. 그녀는 섬미트라는 브랜드를 들어 보지도 못했다. 그러니 어떻게 섬미트의 약속을 믿을 수 있겠는가? 하지만 그녀는 크레스트라는 브랜드는 들어 보았다. 친숙하게 느껴진다. 그녀는 1년 내내 크레스트의 충치 예방에 대해 들어 왔다. 그녀는 제품이 제대로 기능해야 할 뿐만 아니라 친근해야 한다고 생각한다. 이 경우 크레스트 브랜드는 매우 성공적인 것이다. 아마 그녀 역시 크레스트를 사용하면서 자라왔을 것이기 때문에 크레스트를 신뢰한다. 이 같은 이미지는 최근까지 실시된 "나도 크레스트 세대다"라는 캠페인에 반영되고 있다.

소비자들은 브랜드에 대해 주관적인 애착심을 갖고 브랜드 간의 실제 차이를 과장되게 느끼기도 한다. 이것은 낯선 브랜드에 비해 친숙한 브랜드를 신뢰한다는 단순한 문제가 아니다. 소비자들은 특정 브랜드와 심지어 다른 잘 알려진 브랜드도 침투하기 힘든 배타적인 관계를 형성한다. 크레스트 충성파는 콜게이트 치약을 사지 않으려고 하며, 일부는 콜게이트의 비교 광고를 불쾌하게까지 생각한다. 콜게이트 충성파 또한 크레스트에 대해 이와 유사하게 생각한다.

P&G는 이러한 브랜드 자산에 대해 상당히 방어적이다. P&G는 소비자에게 자신의 브랜드들을 제시하는 방식에 있어 일관성을 갖고 있으며, 소비자에게 익숙한 브랜드의 로고나 포장 디자인, 색깔, 향기 등에 어떤 변화를 주는 것에 매우 신중하다. 예를 들어, 몇 년 전 회사는 크레스트의 윈터그린향을 보완하기 위해 민트향 제품을 추가하는 것을 매우 주저했다. 브랜드 팀은 민트향 제품의 시험 판매를 실시했고, 시험 판매 결과, 판매액의 상당한 증대가 예상되었다. 하지만 당시 P&G의 CEO였던 하워드 모겐스는 그것이 브랜드 이미지를 혼란스럽게 만들지 않을까 염려했다. 그래서 민트향이 첨가된 크레스트 제품은 몇 년후 윈터그린향이 브랜드 아이덴티티를 구성하는 요인이 아니라는 결론이 내려진 후에야 시장에 나올 수 있었다.

13

너 자신의 최상의 적이 되어라

누가 당신의 점심을 먹으려고 한다면, 차라리 그가 적이기보다 당신 가족의 일원인 편이 낫다.
만약 자신의 브랜드가 속한 범주에 타 브랜드가 들어올 여지가 있다면,
다른 회사의 브랜드보다 자신의 브랜드들 중 하나와 경쟁하는 편이 낫다.

1920년대 초반 P&G의 경쟁자들이 럭스, 팔모리브, 캐시미어 부티크 비누를 출시했고 아이보리의 견고한 판매망에 흠집을 내기 시작했다. 이에 P&G는 경쟁자를 물리치기 위해 단단하면서도 향이 나는 욕실 비누인 카메이를 출시했다. 회사의 경영진은 카메이의 초반 시장성과에 다소 실망했다. 이 제품은 럭스나 팔모리브, 캐시미어 부티크의 판매량에 크게 미치지 못했고, 아이보리의 판매량은 계속 잠식당하고 있었다. 결국 아이보리를 지나치게 고려하다가 카메이의 도입 시기가 지연되었고, 아이보리와 정면으로 대결하는 것을 회피했기 때문에 효과적으로 경쟁하지 못했다는 결론을 내리지 않을 수 없었다.

이 사건 이후 P&G는 브랜드별로 독립된 브랜드 관리자를 두는 새로운 브랜드 관리 시스템을 개발했다. 이를 두고 〈타임〉지는 P&G 브랜드들 사이에 제약 없는 난투극이 시작되었다고 보도했다.

그러나 사실상 난투극은 아니다. P&G 브랜드들은 똑 같은 소비자들을 놓고 경쟁할 만큼 유사하지가 않았다. P&G 브랜드들은 기능상 서로 다른 특성을 지니고 있으며, 설령 부차적인 기능일지라도 서로 구분되는 소비자 편익을 제공하고 있다.

이를테면 최초의 합성 세제인 타이드가 1946년 출시되었을 때, 이 제품은 시장에서 가장 강력한 세제임을 표방했다. 곧 이어 P&G의 다른 합성 세제들이 출시되었고 타이드와 경쟁했다. 일부는 타이드와 정면으로 대결할 의도를 갖고 있었고, 다른 일부는 세척과 함께 표백을 한다는 식으로 고효율 세척 기능에 또 다른 편익을 덧붙이는 식으로 시장에서 자리매김을 했다. 또 다른 일부는 섬세한 섬유를 세척한다는 식으로 다른 유형의 세척을 강조했다. 이들 P&G 브랜드들은 서로 경쟁하고 있었지만, 서로 다른 편익을 강조했다. P&G는 이 점을 이해했고, 소비자들이 선택할 수 있도록 별개로 분리된 브랜드 관리 체계를 도입했다. P&G는 미국에서만 서로 다른 여덟 개의 세제 브랜드를 갖고 있다.

- 세척하면, 타이드(Tide)
- 색깔을 밝게 해주는 치어(Cheer)
- 깨끗하면서도 유연하게 해주는 볼드(Bold)
- 깨끗하면서도 상쾌하게 해주는 게인(Gain)
- 얼룩진 때를 빼주는 이어러(Era)
- 깨끗하면서도 하얗게 해주는 옥시돌(Oxydol)
- 섬세한 섬유를 위한 아이보리 스노우(Ivory Snow)
- 아기의 부드러운 피부를 자극하지 않는 드레프트(Dreft)

또한 P&G는 여섯 개의 비누 브랜드, 네 개의 샴푸 브랜드, 세 개의 액체 세제 브랜드, 세 개의 치약 브랜드, 그리고 두 개의 섬유 유연제 브랜드를 갖고 있다. P&G는 이 브랜드들이 각각 구분되는 자신들의 이점을 갖고 포지션되어 있는 한 시장에서 정당하게 싸우는 것을 허용한다. P&G는 어떤 브랜드가 지속될 것인가를 결정하는 것은 회사의 경영진이 아니라 소비자라고 생각하고 있으며, 그러한 방침을 실제로 행동으로 옮기고 있다. 결국 P&G는 경쟁자가 자신의 시장을 빼앗아 가도록 허용하기보다는 자신의 브랜드들 중 하나가 자신의 다른 브랜드들 중 하나를 "잡아먹게" 하는 방법을 택했다.

P&G가 주먹을 거둬들이면 경쟁자가 발을 들이민다

내부 경쟁의 규율을 유지한다는 것이 그렇게 쉽지만은 않으며, 종종 P&G조차도 자신들의 규칙을 어긴다. 예를 들어 P&G의 팸퍼스 브랜드는 1970년대 후반 1회용 기저귀 시장의 약 70퍼센트를 차지하고 있었다. 일부 경쟁자들이 신축 밴드 기저귀를 출시했을 때, P&G는 루브스라는 신축 밴드 기저귀를 출시했다. 그러나 P&G는 팸퍼스를 보호하기 위해 루브스가 팸퍼스의 결점을 보완하는 기능이 있다는 광고를 회피했다. 대신 루브스를 사용함으로써 엄마들이 아기에게 무엇인가 더 해줄 수 있다는 식의 감정적 혜택을 제공하는 제품으로 포지션했다. — "루브스로 아기를 더욱 편안하게 해주세요." — 기저귀의 부드럽고 순한 주름 부분이 아기의 다리를 부드럽고 좋은 흡수력으로 감싸기 때문이다. 전형적인 P&G의 텔레비전 광고와는 달리, 선도 제품이 갖고 있는 문제점에 대해서는 아무런 언급도 하지 않았고 선도 제품과 비교도 하지 않았다. 이 광고는 효과적이지 못했다.

그 당시 킴벌리 클라크의 1회용 기저귀 하기스는 초기 팸퍼스가 지배하던 시장에서 별 다른 성과를 만들어내지 못했다. 하지만 킴벌리 클라크는 곧 소비자 조사를 통해 아기의 편안함도 중요하지만, 신축 밴드 기저귀를 사는 더 중요한 이유는 기존의 기저귀가 하지 못하는 오줌이 새는 것을 막아 준다는 점에 있음을 알게 되었다.

하기스는 오줌이 새는 것을 막는 제품으로 다시 출시되었다. 광고를 통해 먼저 오줌이 새는 축축한 기저귀를 차서 불편해 하는 아기를 보여 주었다. 그리고 나서 오줌이 새는 것을 막는 부드러운 신축 밴드 하기스를 차서 행복해 하는 아기를 보여 주었다. 하기스는 루브스를 누르고 가장 잘 팔리는 신축 밴드 기저귀가 되었고, P&G가 자신의 규칙을 깨지 않았더라면 틀림없이 루브스가 차지했을 팸퍼스의 시장 점유율을 빼앗아 갔다.

14

게릴라형 브랜드보다는 고릴라형 브랜드가 낫다

자신의 카테고리를 지배하는 고릴라형 브랜드는
다른 작은 규모의 경쟁자에 비해 경쟁상의 이점을 주는 효율성과 규모의 경제를 실현한다.

브랜드 지배는 P&G의 중요한 원칙 중 하나이다. 회사는 수익성보다는 매출액과 시장 점유율을 중시한다. 왜냐하면 시장에서 좀더 지배적이고 좀더 큰 매출을 올리면 올릴수록 더 많은 이윤을 창출하기 때문이다.

대개 P&G의 고릴라형 브랜드는 같은 범주에 있는 자사의 소형 브랜드들에 의해 위협받지 않는다. 타이드 세제는 치어와 같은 소형 브랜드에 의해 넘버원 자리에서 밀려나지 않는다. 크레스트나 다우니, 아이보리 등도 동일 범주의 다른 P&G 브랜드에 의해 추월당하지 않는다. 그보다 이들 소형 브랜드는 그 범주의 하위 시장에서 경쟁자들과 경쟁하는 경향이 있다.

그러나 (범주 내에서 틈새 시장을 장악하고 있는) 게릴라형 브랜드들은 소비자들이 고릴라형 브랜드로부터 얻지 못하는 편익을 제공한다면 고릴라 브랜드가 차지하는 시장의 일부분을 가져갈 수 있다. 앞서 설명했던 팸퍼스의 경우, 일부 팸퍼스 소비자들은 신축형 밴드 제품을 좋아했지만 기존의 팸퍼스에서는 이것을 구할 수가 없었다. 그래서 결국 하기스로 바꾼 것이다.

메가 브랜드 전략

팸퍼스를 통한 경험은 P&G가 고릴라형 브랜드 구축의 중요성을 강조하는 데 영향을 미쳤다. P&G에서는 이것을 메가 브랜드 전략이라 부른다. 기본 아이디어는 주요 P&G 브랜드들이 가능한 한 최고이자 최대의 브랜드로 성장할 수 있는 모든 기회를 주는 것이다.

P&G에서는 중요한 새로운 기술이 해당 브랜드가 지닌 기본 포지셔닝과 조화를 이룰 수 있다면, 기존 브랜드에 그 기술의 혜택을 덧붙이는 것을 주저하지 않는다. 에드 알츠는 이렇게 말했다. "우리는 한때 중요한 신기술을 시장에 선보이는 최선의 방법은 제2의 브랜드로 만들어 내보내는 것이라는 생각에 스스로 갇혀 있었습니다. 하지만 당신이 시장 선도 브랜드에 신기술을 적용하길 거부한다면 그 브랜드는 시장 선도력을 잃게 될 것입니다. 현재 팸퍼스 제품 라인에는 신축형 밴드 제품이 포함되어 있다.

샴푸와 컨디셔너를 합친 '둘을 하나로'의 기술도 이와 유사하게 P&G의 주요 샴푸 브랜드에 채택되어 있다. 처음에는 이 기술이 광범위하게 적용되리라고 확신하지 못했다. 이 기술이 처음 개발되었을 때, 쇠퇴기에 접어든 퍼트(Pert) 제품에 채택되어 퍼트 플러스(Pert Plus)라는 브랜드로 재출시되었다. P&G는 퍼트 플러스가 미국 내에서 대히트를 치자 매우 놀랐다. 그래서 이 기술은 대만에서 판매되는 팬틴 브랜드에 적용되었는데, 이 역시 대성공을 거두었다. 이어서 이 기술은 전 세계의 팬틴 브랜드에 적용되었다.

퍼트 플러스에 처음 적용된 지 8년이 지나서야 마침내 회사는 헤드 앤 숄더 샴푸에도 이 기술을 적용하기로 결정했다. 그 기술은 헤드 앤 숄더가 전 세계적으로 상당한 판매 증대를 올리는 요인이 되었다. 지금 P&G는 이 기술을 헤드 앤 숄더에 적용하는 것을 거부하지 말았어야 했다고 결론내리고 있다.

15

편익을 확대하라, 하지만 브랜드를 훼손해서는 안 된다

메가 브랜드 전략의 열쇠는 브랜드의 핵심적인 포지셔닝,
즉 브랜드의 기본적인 편익과 그 브랜드에 대한 소비자의 인식과 충돌하는 방식으로
새로운 기술을 브랜드에 포함시키거나 제품 라인을 확대하지 않는 것이다.

P&G는 두 번이나 판매 손실을 감수하면서까지 고농축 세제라는 타이드의 포지셔닝을 훼손시키지 않으려고 했다. 첫 번째로 1960년대 인산염 논란의 여파로 경쟁자들은 성능이 떨어지는 비인산염 제품을 내놓았지만, P&G는 출시를 거부했다. 그 다음은 1980년대 초 액체 세제가 대중화되기 시작했을 때이다. 액체 세제는 세탁물을 애벌 빨래하는 데 유용했지만 일반 빨랫감을 세탁할 때는 분말 세제처럼 세척 효과가 뛰어나지 않았다. P&G는 다른 회사의 액체 세제와 경쟁하기 위해 별개의 브랜드 이어러(Era)를 도입했다. P&G는 타이드 분말 세제만큼이나 효과가 좋은 액체 세제를 개발할 때까지 그 후 여러 해 동안 타이드 브랜드의 액체 세제를 내놓는 것을 거부했다.

P&G는 또한 표백 기능을 지닌 타이드, 다양한 향기를 지닌 타이드, 색깔을 더욱 선명하게 해주는 타이드 등과 같은 새로운 타이드 제품들을 추가함으로써 타이드의 성능을 확장해 왔다. 이러한 제품

들 중 어느 것도 고농축 세제라는 타이드의 포지셔닝과 충돌하지 않았다.

P&G가 팬틴 샴푸와 헤드 앤 숄더 샴푸에 '둘을 하나로' 기술을 추가한 것 또한 성공적이었는데, 왜냐하면 그 기술이 비듬 예방 샴푸라는 헤드 앤 숄더의 포지셔닝과 건강하고 윤기 있는 머릿결을 만들어주는 샴푸라는 팬틴의 포지셔닝과 충돌하지 않으면서 그 브랜드들을 사용하는 것의 편익을 확장했기 때문이었다.

그러나 '둘을 하나로' 기술은 프렐(Prell) 샴푸 브랜드와는 맞지 않았다. 프렐은 45년이나 된 브랜드로, 프렐의 사용자들은 계면 활성제를 활용해 머릿결을 깨끗하게 만드는 기존 방식의 제품을 좋아했다. '둘을 하나로' 기술 제품을 쓰면 머리가 덜 깨끗했다. 신제품으로 유입된 신규 고객보다 이탈하는 프렐 애용자가 더 많았다. P&G는 과거 제품으로 돌아가서야 하락세를 막아냈다.

16

각각의 브랜드를 별개의 사업으로 관리하라

브랜드 관리 팀은 회사의 자원이
자신의 브랜드들을 육성하고 보호하는 데 사용되도록 해야 한다.

P&G 제품이 연구개발 부서에서 개발되면 브랜드 관리자에게 맡겨진다. 그때부터 브랜드 관리자와 브랜드 팀은 브랜드와 관련된 모든 것, 특히 브랜드와 소비자의 관계에 있어 핵심적 역할을 수행한다.

대학 및 경영대학원 졸업생을 브랜드관리 팀에 모집하기 위한 P&G의 리크루팅 자료를 보면, 브랜드 관리자가 바퀴의 허브에 위치하고, 제품개발, 연구개발, 포장디자인, 시장조사, 텔레비전 광고, 판촉지원 부서들이 바퀴의 살을 구성하고 있는 다이어그램을 볼 수 있다. 그러나 이 부서들이 브랜드 관리자의 지시를 받는 것은 아니다. 그들은 자신들의 명령 계통에 보고하며, 브랜드 관리자는 이들에 대해 실제적 권한을 갖고 있지 않다. 그럼에도 불구하고 브랜드 관리자는 자신의 브랜드에 영향을 미치는 모든 활동의 중심에 있으며, 회사는 브랜드 관리자에게 해당 부서들의 협력을 이끌어내는 리더십을 발휘할 것을 요구한다.

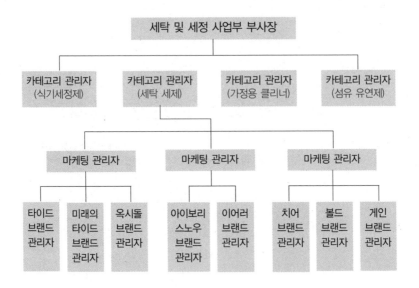

사실 브랜드 관리자의 성공의 상당 부분은 관련 부서의 관심과 자원을 효과적으로 이끌어내는 능력에 달려 있다. 명령 계통에서 브랜드 관리자의 상위에 있는 마케팅 관리자와 카테고리 관리자는 브랜드 관리자들 간의 경쟁이 해당 카테고리와 회사에 역기능을 하지 않게 하는 역할을 한다. 그들은 또한 각 브랜드가 독특한 포지셔닝을 유지하고, 각 브랜드에 적합한 새로운 기술들에 접근할 수 있도록 보장한다. 그렇게 해서 브랜드들 간의 경쟁의 거친 날은 일정 부분 무뎌질 수 있다. 하지만 여전히 각 브랜드는 스스로 일어서야 하고 회사의 투자와 지원을 받을 만한 사업 결과를 달성해야만 한다.

브랜드와 브랜드 관리 시스템의 중요성은 브랜드 관리 시스템이 정착된 1931년 이후 모든 P&G의 CEO들이 브랜드 관리직을 거쳐 왔다는 사실에 의해 강조된다. 현재도 모든 최고 경영자들, 예를 들어 회장 겸 대표이사, 영업 담당 사장, 그리고 네 명의 부사장들이 모두 한때 브랜드 관리자였다.

| 장기적인 관점을 견지하라 |

제임스 콜린스의 『성공하는 기업들의 8가지 습관』에 나오는 기업들이 가진 공통적인 특징 중 하나가 바로 장기적 관점이다. 이 기업들의 핵심 가치와 원칙은 변함이 없으며, 사업의 장기적인 건전성에 초점을 맞춘다. 다시 말해, 어디로, 그리고 왜 가려고 하는지에 대한 비전을 가지고 있지 않다면 당신은 결코 그곳에 도달할 수 없다.

17

브랜드는 한 자리에 머물러 있을 수 없다

브랜드는 끊임없이 실체를 변화시키면서 역동적이 되어야 한다. 브랜드는 소비자의 니즈가
진화함에 따라 그것을 충족시키는 방식을 변화시키면서 진화해야 한다

P&G는 제품 수명 주기를 믿지 않는다. 브랜드가 성장기를 지나 성숙기에 접어들고 결국 사장되고 만다는 것을 인정하지 않는다. P&G는 영원히 지속되는 브랜드를 만들려고 한다.

예를 들어, 타이드는 기초 기술의 향상을 통해서 뿐만 아니라 소비자의 니즈가 진화하는 방식에 대응하여 발전해 왔다. 지난 몇 년 동안 세탁기가 바뀌었고 세탁 습관 역시 달라졌다. 옷감은 물론 소비자들의 생활 방식 또한 변했다. 이러한 변화들은 시장을 세분화하는 새로운 브랜드들을 낳게 했다. 하지만 그러한 변화들은 또한 타이드 브랜드가 소비자의 니즈에 부응하는 방식을 확장하도록 고무해왔다.

1950년대 당시 하얀 면직물은 유행하던 옷감이었다. 이에 대응하기 위해 P&G는 형광 표백력을 지닌 타이드를 내놓았다. 1960년대와 1970년대는 좀더 밝은 색상의 합성섬유가 유행했는데, 이로 인해 세탁하기가 한층 더 까다로워졌다. 그래서 모든 종류의 옷에서 찌든 때

를 뺄 수 있는 새로운 기술을 지닌 '엑스트라 액션' 타이드가 출시되었다. 그런 다음 1984년에 새로운 제품 공식의 성공으로 액체용 타이드가 출시되었다. 이 신제품은 이내 시장에서 성공을 거두었고, 그후 이 제품은 20여 년 동안 역동적으로 변화하면서도 안정적이고 오래된 브랜드로서 자리잡게 되었다.

비록 지난 몇 년 동안 제품과 포장이 많이 바뀌었지만, 15년 전에 쓰던 브랜드를 그대로 사용하고 있다. 광고 전략 역시 크게 변화하지 않았다. "당신이 살 수 있는 그 어떤 제품보다 세척력이 뛰어난 제품"이라는 브랜드로 여전히 포지션되고 있다.

P&G는 성능을 향상시키거나 기능을 추가함으로써 끊임없이 자신들의 브랜드를 발전시켜 왔다. 예를 들어 크레스트의 경우 치석 억제 기술이 브랜드에 새로운 활력을 불어넣었다. 최근에는 일반인도 치석 예방과 잇몸 치료에 대해 잘 알고 있으며 충치 예방과 치석 억제가 서로 관계가 있다는 사실이 널리 알려져 있다. 이에 P&G는 젤 용기와 펌프 용기와 같은 상이한 제품 형태를 가지고 브랜드를 발전시키고 있다.

P&G가 항상 새로운 제품 공식을 선도해 온 것은 아니다. 콜게이트의 라인 확장 제품인 멘타덴트나 아쿠아프레시가 나왔을 때, P&G는 처음에는 크레스트 브랜드에 표백 성분의 과산화수소나 베이킹소다를 첨가하는 것을 주저했다. 이러한 성분의 기능이 크레스트가 개발하고 선도해온 충치 예방 및 치석 억제 기술과 조화를 이룰지 확신이 서지 않았기 때문이다. 그럼에도 불구하고 이러한 기능에 대한 소비자의 요구가 명백해짐에 따라, 현재 크레스트 브랜드는 소비자의 요구에 부응하기 위해 베이킹소다가 함유된 거품 치약 제품을 포함하고 있다.

18

내부로부터 승진시켜라

내부 승진 정책은 장기 근속 직원을 만들어낸다. 미래의 경영진이 내부 승진을 통해
선발되기 때문에 회사는 그들이 찾을 수 있는 한 최고의 직원을 고용하고,
그런 다음 그들이 될 수 있는 한 최고가 되도록 개발해야 한다는 자기규율을 갖게 된다.

P&G의 내부 승진 방침은 회사로 하여금 필요한 인재들을 효과적으로 채용하고, 미래의 관리자들에게 강도 높은 훈련과 광범위한 경험을 제공하도록 압박한다. 그리고 지속적인 평가-관찰-코칭의 과정을 체계적으로 시행하고, 회사가 필요로 하는 사람이 계속 남아 있도록 하는 매력적인 기회를 제공하도록 유도한다. 부하 직원의 개발은 매우 중대한 문제로 인식되며, 상급자의 직무 중 매우 중요한 부분을 차지한다.

P&G의 한 전임 인사 담당 관리자가 P&G의 100퍼센트 내부 승진 정책의 효과와 1985년 P&G가 인수한 리처드슨 빅스의 75퍼센트 내부 승진 정책의 효과를 비교하여, 그 정책에 대한 찬사를 이끌어낸 적이 있다. 리처드슨 빅스 역시 P&G의 가치에 비견될 만한 가치를 지닌 효과적인 조직으로 인식되었지만, 75퍼센트 내부 승진 정책으로는 P&G가 했던 것처럼, 구성원을 개발하도록 하는 강한 압력을

그 시스템에 가할 수 없었다. 왜냐하면 해당 직위를 내부 구성원으로 채우지 못하더라도 빠져나갈 구멍이 얼마든지 있었기 때문이다. 만약 내부 승진 후보자가 준비되어 있지 않은 경우라면 외부인으로 자리를 채우게 된다. 필요하다면 75퍼센트라는 목표조차 지키지 않을 수 있었다. 사실상 그곳에는 P&G에 있었던 것과 같은 직원 개발 프로세스에 부과된 목적의식이 없었다.

19

외부 조직과 지속적인 관계를 구축하라

외부 조직도 회사의 성공에 결정적으로 중대한 기여를 할 수가 있다.
따라서 외부 조직도 육성되어야 한다.

P&G는 직원뿐만 아니라 외부 조직과 장기적이며 신뢰를 기반으로 한 관계를 구축한다. P&G는 광고대행사, 원재료 공급업체, 패키지 디자인 컨설턴트, 연구 협력업체, 그리고 대학교와 같은 외부 조직과의 관계를 중시한다. 인디애나 대학교와의 협력 관계는 치아의 부식을 줄여 주는 불소 치약의 개발로 이어졌다. 또 원재료인 효소 공급업체와의 협력 관계는 결국 타이드와 치어 제품에 들어간, 옷감의 광택을 유지해주는 케어자임(Carezyme) 효소의 발명을 가져왔다. 이 기술은 현재 해당 공급업체가 P&G와만 배타적으로 공유하는 특허 기술이다.

P&G는 공급업체의 지식과 재능, 컨설턴트의 경험, 광고대행사와 패키지 디자인 컨설턴트의 창의적 역량을 소중히 여긴다. 하지만 이러한 기능을 반드시 조직 내부에 보유할 필요는 없다고 생각한다. P&G는 이러한 조직들의 독립성을 빼앗는 것은 오히려 그들을 숨막

히게 만든다는 사실을 알고 있으며, 그러한 조직들이 다양한 분야의
다른 회사들과의 작업을 통해 습득한 경험을 중요하게 생각한다.

광고대행사는 사업을 함께하는 파트너다

P&G가 보여 준 장기적 관계의 전형적인 예는 광고대행사와 맺어
온 파트너십이다. P&G가 광고대행사와의 파트너십에 중요성을 두
는 까닭은 브랜드 자산을 구축하고 브랜드와 소비자 간의 강력한 관
계를 만들어 감에 있어 광고가 중요하다고 생각하기 때문이다. P&G
는 브랜드와 마케팅 환경에 대해 충분히 이해하고 있어야 성공적인
광고를 만들 수 있다고 믿는다. 그렇기 때문에 가급적 광고대행사를
사업의 여러 부분에 관여시키고 광고의 결과뿐만 아니라 그들의 전
략적 사고에 대해서도 기대를 한다.

대부분의 회사들은 매출이 기대에 못 미칠 경우, 또는 새로 부임한
마케팅 담당 이사가 무엇인가 새로운 것을 보여줄 필요성이 있다고
생각할 때 광고대행사를 급하게 갈아 치운다. 그러나 P&G는 어떤
이유에서든 광고대행사를 바꾸지 않는다. P&G도 과거에는 매출이
만족스럽지 않아 광고대행사를 변경한 적이 있다. 하지만 그 경험을
통해 대행사를 변경하면 혼란을 초래하고 효율적이지 못할 뿐만 아
니라 그것이 실제로는 책임 회피라는 사실을 배우게 되었다. 문제는
광고대행사가 전적으로 잘못했다거나 능력이 없었다는 것만이 아니
었다. 그리고 그것은 단지 광고만의 문제도 아니었다.

흔치는 않은 일이지만 광고대행사를 변경했던 프링글스의 경우에
서 보듯, 광고의 문제와 함께 제품 자체에도 문제가 있었다. P&G는
관리자가 부하들의 성과에 대해 책임을 지듯, 대행사를 통해 만들어
지는 광고에 대해 회사가 책임을 분담할 필요가 있다고 본다.

P&G와 광고대행사의 관계는 장기간 지속된다. P&G의 광고비 지출의 80퍼센트 이상이 35년 넘게 거래해 온 광고대행사들에 의해 처리되고 있다. P&G는 이러한 관계를 소중히 여기며, 그것을 유지하기 위해 노력한다. P&G는 이러한 관계를 자신의 전략적 목표에 기여하는 협력적 파트너십으로 간주한다. 이러한 긴밀한 관계는 대행사가 경쟁 기업을 위해 일하는 것을 방지한다. P&G는 광고대행사에 대해 충성심을 갖고 있으며, 그들이 성공하고 이익을 낼 수 있도록 노력한다.

P&G는 거래하던 대행사가 합병되거나 대행사가 경쟁 기업의 브랜드를 광고하게 될 경우에 한해 자신의 대행사 명단에 새로운 대행사를 추가한다. 신규 대행사를 구할 때에는 광고 캠페인보다는 그들의 파트너십을 기대한다.

또한 P&G는 다른 대부분의 기업들과 달리 자신이 거래를 고려하고 있는 대행사들에게 추측에 근거한(speculative) 광고를 만들도록 요구하지 않는다. P&G는 광고대행사의 단기적 프레임 안에서 만들어진, 추측에 근거한 광고는 적중할 수도 있고 빗나갈 수도 있다는 사실을 알고 있다.

최고의 광고가 항상 최상의 광고대행사에서 나오는 것은 아니다. P&G는 대행사가 다른 고객 기업을 위해 창조해낸 작품들을 보여주고, 그것이 어떻게 광고 전략과 관련 있는지, 그리고 어떻게 그들이 목표를 달성했는지 말해 줄 것을 요구한다. 즉 P&G는 분석적 사고와 창의성, 그리고 일을 성공시킨 과정들 간의 연계고리를 보고 싶어한다.

새로운 판매 파트너십

P&G는 자신들의 제품을 소비자에게 판매하는 소매상과의 관계에 있어서도 장기적인 관계를 유지해 왔다. 역사적으로 공급업체와 소매상과의 관계는 적대적인 면이 있다. 그러나 P&G는 지난 10년 간 자사의 영업 조직을 소매상을 위한 고객사업 개발 팀으로 전환시킴으로써 소매상과의 파트너십 관계를 발전시켜 왔다. 고객사업 개발 팀은 제품, 마케팅, 물류, 재무, 그리고 정보 기술 부문의 대표들로 구성된다. 그들의 임무는 P&G와 소매상 모두의 사업을 강화하는 방법을 찾는 것이다. 이 팀들 대부분은 거래 소매상의 본부가 위치한 도시에서 생활하면서 소매상의 담당 직원과 함께 일한다.

20

장기적인 수익을 추구하라

기업의 장기적인 생존은 그 기업이 장기적인 수익성에 달려 있다.

P&G는 수익을 추구함에 있어 공격적이며 대담하다. 회사는 수익성이 직원들의 장기적 이익뿐만 아니라 소비자의 장기적 이익, 그리고 회사가 사업상 거래를 하는 다른 조직들의 장기적 이익과 연결되어 있다고 믿는다. 왜냐하면 수익이 없다면 회사는 활동을 멈춰야 하기 때문이다.

1980년대에 있었던 회사와 직원의 이익은 서로 분리될 수 없다는 쿠퍼 프록터의 선언을 상기시키며, 전 CEO였던 에드 하니스는 다음과 같이 말했다.

"P&G는 창립 후 140여 년 동안 많은 이유로 성공해 왔습니다. 그러한 이유들 중 핵심은 회사의 경영진이 수익과 성장을 최우선의 경영 목표로 일관되게 추구해 왔다는 사실입니다. 우리의 전임자들은 현명하게도 수익성과 성장성이 직원, 고객, 소비자, 그리고 지역사회에 대한 공정한 대우와 연관되어 있다는 사실을 잘 알고 있었습니다."

수익성을 강조하는 것이 특이한 것은 아니다. 정말로 특이한 것이 있다면, P&G가 수익성에 대해 가졌던 장기적인 관점이다. P&G의 경영진은 다른 회사의 경영진들과 달리 분기별 수익에 개의치 않으며 주주들이나 월스트리트의 기업 분석가들을 잡아 두기 위해 에너지를 허비하지 않는다. P&G는 수익이 분기 단위를 넘어 지속적으로 영향을 미치는 좋은 사업 결정과 훌륭한 의사 결정의 결과로부터 나온다고 믿고 있다.

과거에 P&G는 단기 수익을 포기하면서 과감한 투자를 해왔다. 예를 들어, 제2차 세계대전 후 타이드 브랜드가 된 새로운 합성 세제를 개발했을 당시, 회사는 새로운 비누 제조 장비를 위해 막대한 자본을 지출해야 했다. 이로 인해 기존 장비는 쓸모없게 되었고 기존 제품의 생산에도 심각한 장애가 초래되었다.

"농장을 저당 잡히고 모든 것을 걸기로 했다"는 이 문구는 1930년대 P&G의 CEO였던 리차드 듀프리가 처음 사용했던 말로, 종종 P&G의 경영자들에 의해 되풀이 된다. 다음 10년 동안 P&G는 과거 100년 동안 투자했던 규모의 자금을 공장과 설비를 위해 투자했다. P&G는 1984년과 1985년, 1회용 기저귀의 전 세계 생산 라인에 투자함으로써 막대한 수익을 거둘 수 있었다. 이런 것들이 바로 장기적 관점의 전략적 투자다.

수익에 대한 장기적 관점은 P&G가 왜 개발 비용도 크고 자본 회수 기간도 불투명한 제약 산업에 뛰어들었는지에 대한 이유이다. 제약 산업에서는 제품 혁신을 통해 큰 이익을 얻을 수 있는데, 혁신이 바로 P&G의 강점이기 때문에 이 분야에 뛰어든 것이다.

또한 수익에 대한 장기적 관점은 또한 P&G가 지배적인 브랜드를 구축하기 위해 투자하는 이유이다. 그러한 브랜드들은 대규모 선제 투자를 해야 하고 성장하는 데 오랜 시간이 걸리지만 장기적으로는 수익성이 더 높다.

이러한 장기적 관점은 또한 아직 건재하지만 평균 이하의 수익을 내거나 P&G의 장기 전략 계획에 걸맞지 않는 브랜드를 서둘러 포기하는 이유이다. 예를 들어 P&G는 던컨 하인스(Duncan Hines) 라인을 매각하고, 아레브(Aleve) 진통제 합작 사업을 종료했다. 이 제품들은 글로벌 브랜드를 개발한다는 P&G의 전략 계획에 맞지 않았다.

월스트리트는 꾸준히 수익을 증대시키고, 예측 가능성이 높은 기업을 좋아한다. 그러나 P&G는 장기적인 기회를 잡기 위해 단기적인 수익 증대를 포기하며, 경쟁자에게 유용한 정보가 샐지 모르기 때문에 월스트리트에 자신들의 전략적 행동에 대해 설명하기를 꺼린다.

그래서 P&G는 오랜 세월 동안 월스트리트와 거리를 두어 왔다. 사실 P&G는 20세기 들어 다음과 같이 발표하면서, 26년 동안이나 뉴욕 증권거래소에 회사를 상장하지 않았다. "기업의 최선의 이익은 실적을 공개적으로 발표하지 않음으로써 지켜질 수 있다는 것이 회사 이사진의 생각입니다. 사실 작년 수익은 보통주에 대해 12퍼센트의 배당을 주고도 남을 정도였습니다. 당신이 회사에 들어온다면 이보다 더 많은 정보를 얻을 수 있을 것입니다."

P&G는 이와 같은 엄격한 비밀주의 원칙을 폐기한 이후에야 상장될 수 있었지만, 회사는 여전히 단기적인 월스트리트의 관점에 동조하기를 거부한다. 그러나 P&G 경영진들이 P&G 주가에 관심이 없다는 뜻은 아니다. 특히 P&G의 직원들이 회사 주식의 25퍼센트를 보유하게 된 이후에는 더욱 그렇다. 단지, P&G는 회사의 장기적인 성장과 수익 창출을 더 중시하는 것이다.

2부

P&G의 기업 문화

기업 문화란 기업이 공유하는 신념과 지식, 의례와 관습이 통합된 집합체다. 기업 문화의 강도는 회사의 성과에 큰 영향을 미친다. 앞에서 다룬 P&G의 핵심 원칙들은 기업 경영을 위한 방향을 제공하며 P&G 기업 문화의 기초를 이룬다. 2부에서는 이러한 원칙들을 뒷받침하는 P&G의 신념과 가치, 관행과 의례, 특이성을 살펴본다. 이러한 요소들은 오랜 기간에 걸쳐 발전되어 왔으며, 오늘날의 P&G를 규정하고 있다.

| 신념 |

원칙이 당신에게 어떤 비용을 지불하게 하지 않는다면, 그것은 원칙이 아니다.

21

올바른 일을 하라

올바른 일을 하는 것이 항상 편한 것은 아니다.
그것은 딜레마나 사내 정치로부터 벗어나는 쉬운 방법이 아니다. 그러나 올바른 일을 하는 것은
원칙에 기반을 두고 있으며, 장기적으로 모두에게 언제나 최선이다.

"어떤 잠재적인 사업상의 이득도 부정직한 행동을 정당화하는 데
사용될 수 없다. 목적은 수단을 정당화하지 못한다. 왜냐하면 비윤리
적 수단은 결국에는 조직을 파괴할 수 있고, 그렇게 할 것이기 때문
이다."

- P&G 전 회장, 오웬 버틀러

올바른 일을 한다는 것은 윤리적으로 일한다는 것을 의미한다

전, 현직 P&G 임직원들에게 P&G의 윤리에 대해 물어 본다면, 그
들은 아마도 릴라이(Rely)라는 탐폰 제품을 스스로 철수한 사례를 이
야기할 것이다. 1980년 유독성 쇼크 증후 사고가 발생했을 때, P&G
는 원인을 밝히고자 총력을 기울였다. 언론과 질병 예방 센터가 릴라
이의 사용과 질병과의 관련성을 제기했지만, 외부의 저명한 과학자
들은 관련 데이터를 검토한 후 릴라이가 원인이라는 과학적 증거가

없다는 결론을 내렸다.

P&G의 CEO인 에드 하니스는 그 과학자들에게 정말로 릴라이가 어떤 식으로든 관련이 없다고 확신할 수 있느냐고 물었다. 물론 대답은 "아니오"였고, 그들은 이 병에 대해 보다 상세히 알기 전까지는 확신할 수 없다고 했다. 하니스는 곧바로 응답했다. "알겠습니다. 우리 제품을 당장 회수하도록 합시다." 릴라이가 병의 원인이 될 수 있다는 위험성은 그리 크지 않았지만, 회사에 대한 소비자들의 신뢰 문제가 더 중요하다고 본 것이다.

사람들은 릴라이 사건이 얼마나 극적이었는지 잘 모른다. P&G가 시장에서 제품을 철수하고 모든 광고를 중단했을 때, 한 임원은 릴라이의 광고대행사인 DMB&B를 방문하여 보상금을 전달했다. DMB&B는 제품 개발과 시장 테스트 단계에서 자신이 투자한 것에 대한 보상을 릴라이 광고 집행에 따른 커미션을 통해 받기로 한 상태였다. P&G는 대행사가 신의를 갖고 열심히 일해 왔다는 것을 알고 있었으므로 P&G의 결정 때문에 손해를 보게 해서는 안 된다고 생각했다. 그것은 단순한 제스처 이상이었다. 대행사가 P&G의 제의를 거절했음에도 P&G는 보상을 고집했다. 왜냐하면 P&G로서는 대행사에게 보상하는 것이 올바른 행동이었기 때문이다.

짐 샤트는 올바른 일을 하는 것과 관련된 P&G의 또 다른 사례를 이야기해 주었다. 그는 1989년 캐드버리 슈웹스 푸드 사를 다닐 때, P&G로부터 오렌지 크러시 앤 하이어스(Orange Crush and Hires) 브랜드들을 인수했다. 6개월 후, P&G 문서 관리자인 에드 라이더가 짐 샤트에게 오렌지 크러시병을 들고 있는 소녀가 그려진 노먼 록엘의 두 개의 원본 그림이 담긴 상자를 보내왔다. P&G는 당초 오렌지 크러시 사를 매입했을 때 이 그림을 받았었는데, 매각 협상 과정에서 그에 대해 잊고 있었다. 샤트는 말했다. "P&G 사람들은 논리적으로 볼 때 이 그림이 오렌지 크러시 브랜드 자산의 일부분이라고 생각했나 봐요. 그들은 그냥 이것을 갖고 있을 수 있었는데, 한 푼의 추가 비용도 요청하지 않고 그림을 보내 주었습니다. P&G는 정말 정직한 기업입니다."

올바른 일을 한다는 것은 객관적이 되고 사실에 충실한 것을 의미한다

객관적이 되고, 사실에 충실하다는 것은 결코 쉬운 일이 아니다. P&G에서 일했던 브랜드 관리자들이 P&G를 떠나 다른 기업에 가게 되면, 사람들이 얼마나 쉽게 듣고 싶은 것만 들으려 하고 자신의 관점을 지지하는 왜곡되고 잘못된 사실에 귀를 기울이는지를 보고 당황하게 된다. P&C 직원들 역시 이런 유혹에 면역되어 있는 것은 아니다. P&G에서도 자신의 제안에 대한 승인을 얻기 위해 고의로 사실을 왜곡한 브랜드 관리자들이 있었다. 하지만 그런 잘못들은 결국 발각되고 그들은 회사로부터 징계를 받았다. 그것은 P&G의 규범이

아니다.

　버크 마케팅 리서치 사의 전임 연구원의 말에 의하면, P&G는 다른 고객기업들과 큰 차이가 있다고 한다. 조사를 의뢰한 많은 기업들은 마케팅 조사의 결과가 자신들의 의견을 정당화하면 만족스러워하지만 그런 결과가 나오지 않으면 불만을 표시했다. 심지어 어떤 기업은 데이터를 자신들이 원하는 쪽으로 유도하기도 했다. 그러나 P&G는 데이터의 정확성과 타당성에만 신경을 쓰는 것처럼 보였다. P&G는 어떤 결과이든, 그 자체를 소중히 여기는 것 같았다. 최선의 답은 그것이 무엇이든, 사실이 답이라고 말하는 것이다. 그런 다음 그들은 밝혀진 내용을 기초로 적절한 조치를 취할 것이다. 올바른 일을 한다는 것은 그것이 어떤 것이든, 세심한 분석이 가리키는 바대로 행하는 것이다.

올바른 일을 한다는 것은 장기적 비즈니스에 최선인 것을 하는 것을 의미한다

　개리 스티벨은 고속승진을 해서, 케이크에 입히는 달콤한 혼합물인 던컨 하인스의 브랜드 관리자가 되었다. 당시 던컨 하인스는 이미 경쟁 제품인 제너럴 밀즈와의 블라인드 테스트에서 좋은 반응을 얻었고, 시제품 생산을 위한 시험 공장이 지어졌으며, 광고까지 만들어진 상태였다. 시험 시장에 출시할 모든 준비가 되어 있었던 것이다.

　그러나 30일 후 스티벨은 던컨 하인스 브랜드를 없애는 것이 낫다는 제안서를 준비했다. 그는 이 브랜드가 P&G 입장에서 너무 작기 때문에 시험 시장에 비용을 지출하는 것은 타당성이 없다고 결론지었다. 그것은 시험 마케팅에 소요되는 비용을 정당화할 수 없을 뿐만 아니라 시험 시장에 출시한다 하더라도, 과거 경험에 비추어 볼 때 경쟁사가 제너럴 밀즈를 먼저 전국 시장에 출시할 가능성이 높았다.

88

따라서 회사가 던컨 하인스의 시험 마케팅을 건너뛰고, 간접비를 줄이고, 라인 확장을 통해 전국 시장에 출시할 준비가 되어 있지 않다면, 던컨 하인스 브랜드를 포기하는 편이 P&G의 이익에 부합한다고 보았다.

스티벨의 상사는 그 제안서에 동의하지 않았고 새로운 브랜드 관리자가 그런 제안을 한다는 것은 자살 행위라고 충고해 주었다. 그러나 스티벨이 계속 고집했기 때문에 제안서의 표지에 반대 의견을 기록한 다음 자신의 상사에게 전달했다. 스티벨보다 두 단계 위 상사인 광고 관리자 역시 반대했지만 그것을 윗선에 전달하였다. 하지만 사업부 관리자는 스티벨의 분석에 동의했고, 던컨 하인스 브랜드를 폐기하자는 제안을 승인했다. 사업부 책임자는 스티벨이 올바른 일을 한 것을 칭찬해 주었다. 그 후 스티벨은 음식 사업부의 다섯 개 신제품 브랜드를 책임지는 브랜드 관리자로 승진했다.

22

전략적 사고는 생활방식이다

전략적 사고는 장기 목표에 부합하는 결과를 성취하도록 정보에 기초해
경쟁 강점 및 자산을 활용하는 접근방법이다.

P&G의 전임 보조 브랜드 관리자였던 체릴 바첼더는 다음과 같이
말했다. "나는 P&G에 대해 최고의 존경심을 갖고 있습니다. P&G는
모든 일에 전략적으로 접근합니다. 기업으로서 글로벌 시장에 접근
하든, 섬유 표백제인 비즈(Biz) 한 박스를 가지고 소비자 시장에 접
근하든, P&G는 항상 모든 것에 전략적으로 접근합니다. P&G를 떠
난 뒤 P&G처럼 일관성 있게 전략적으로 접근하는 기업을 본적이 없
어요. 내가 P&G를 떠난 이후 성공할 수 있었던 것은 P&G에서 이러
한 전략적 사고를 배웠기 때문이라고 말할 수 있습니다."

또 다른 전직 P&G의 직원은 이같이 말했다. "P&G는 나에게 최고
의 직장이었습니다. 나는 목적과 철저함, 명확하게 정의된 목표를 가
지고 일을 해내는 방법을 배웠습니다. 활동 계획을 수립하고, 주요
과정을 설계하고, 참여 인력을 선발하는 방법을 배웠습니다. 그리고
단순한 아이디어가 아니라 달성하고자 하는 목표에 기초해서 마케팅

을 분석하고 광고를 평가하는 방법을 익혔습니다. 지금 일하고 있는 회사에서 채용, 면접, 성과 측정, 승진 등 인력 개발 과정을 주도하고 있습니다. 모두 명확한 목적 의식을 갖고 진행하고 있습니다. 당신이 P&G에서의 방법을 안다면, 다른 기업에서의 그러한 사고가 얼마나 놀랄 정도로 느슨하고 임시방편적인지 이해될 것입니다."

전임 CEO인 에드 알츠는 펜실베이니아 대학 와튼 스쿨의 대학원 생들에게 강연하면서 전략적 사고의 역할을 다음과 같이 요약했다.

전략적 사고의 능력은 사람마다 편차가 있습니다. 전략적 사고는 선천적으로 타고난 기술이지만 후천적으로 학습할 수 있습니다. 그러나 학습하기 위해서는 수많은 개인 훈련이 필요합니다. 왜냐하면 우리의 본능이나 확신이 항상 전략적이지는 않기 때문입니다. 관리자가 큰 열정을 가지고 잘못된 전략을 수립하는 경우가 많이 있습니다. 이처럼 잘못된 전략을 세우는 것은 관리자들이 그들 사업의 현실에 대한 피상적인 지식을 갖고 있거나 경쟁사의 강점을 잘못 파악했거나 사업상 가능한 선택들에 대해 한정된 이해를 갖고 있기 때문입니다.

전략 계획은 기업이나 사업이 취할 방향, 종착 지점, 그리고 도달 방법을 결정하기 위해 설계된 복잡한 과정입니다. 말 그대로 정의하면 전략 계획은 선택 과정이라고 할 수 있습니다. 개발된 여러 시나리오 중 하나를 선택하는 것입니다.

전략 계획은 이기기 위한 것입니다. 그것은 자원의 재할당을 통해 경쟁 이점을 얻고, 혁신 기술을 활용하고, 동일한 전장에서 경쟁자와 동일한 일을 벌이는 것을 지양하고, 그리고 경쟁자가 모방하기 힘든 수단을 통해 경쟁 우위를 확보하는 것에 관한 것입니다.

나의 조언은 인생의 모든 중요한 결정을 전략적으로 사고할 수 있도록 여러분 자신을 훈련시키라는 것입니다. 여러분 자신보다 전략적 사고의 기술을 연습할 수 있는 더 나은 대상은 없습니다. 여러분의 경력 계획, 여가, 재무, 사회공헌 활동, 그리고 여러분의 사회생활에 대해서도 전략적으로 사고할 수 있도록 노력해 보십시오. 다시 말해, 많이 사고하는 것이 중요합니다.

| P&G의 전략적 사고 모델 |

목표 수립
목표: 서부해안 시장에서 바운티 타월의
성과 증대.
근거
• 서부해안 지역은 바운티의 주요 성장
시장임.
• 판매량과 시장 점유율이 목표에 미치
지 못함.
• 서부해안 지역은 종이 사업부의 전략
시장임.

분류와 학습
서부 해안 지역의 바운티 사업 현황 점검
• 점유율과 선적: 이 지역에 고질적인 문
제인가, 또는 분리될 수 있는 문제인가?
• 경쟁력 점검 – 제품 믹스 / 광고 /
매체 / 촉진 / 가격
• 유통채널 분석
• 소비자 추적 연구 검토
다른 아이디어 탐색
• 영업부 / 점포 점검 / 소매상 방문 /
표적집단 조사

주요 발견사항 검토
• 남부 캘리포니아 지역이 취약한 것으
로 나타남.
• 서부해안 지역에서 스콧 타월 촉진활
동이 크게 증가함.
• 남부 캘리포니아 유통 채널이 스콧
타월을 많이 취급함.
• 바운티에 대한 충성도가 히스패닉계
소비자에게서 약하게 나타남.
• 점포 점검과 소매상 방문 결과 히스
패닉계 지역 소매상에서 바운티 제품
이 품절된 상태임.

수렴과 학습
• 히스패닉계 시장에서의 성장 기회를
찾기 위해 표적집단 조사와 종족별
성향 조사를 실시함.
• 맞춤화된 광고카피, 매체, 및 판촉을
고려함.
• 대규모 유통채널 고객에게 소구할 판
촉 프로그램 개발을 위해 영업 및 촉
진 부서와 협의함.

대안 평가
• 다른 브랜드의 경험 검토.
• 영업 및 히스패닉계 마케팅 컨설턴트
와 상담.
• 대안별 비용과 수익 분석.

추천 행동
• 추천 행동이 어떻게 바운티 브랜드와
종이 사업부의 장단기 전략 목표를 달
성하는지 보여줌.
• 계획이 성공할 것이라는 근거 제시.
• 성공의 기준과 측정방법, 비용 지출
의 정당화.
• 다음 단계와 후속 조치.

23

승리하는 것이 전부다

승리한다는 것은 단순히 경쟁자를 물리치는 것만을 의미하지 않는다.
그것은 자신의 목표를 달성하는 것이고, 기준으로 삼았던 것을 넘어서는 것이다.
또한 능력 범위 내에서 최고가 되는 것이고, 지속적으로 성장해 나가는 것이다.

기업 차원에서 승리한다는 것은 경쟁자를 계속 앞지르게 해줄 제품 혁신과 개선을 찾아내는 것을 의미한다. 이미 선두주자가 되었다면 현 상태에 안주하는 것이 아니라 최선의 노력을 배가하는 것이다. 또한 승리한다는 것은 소비자와 경쟁 환경을 이해하고 전략적인 방법으로 혁신 제품을 마케팅하는 것이다.

개인 차원에서 승리는 다른 사람이 패배하는 것을 의미하지 않는다. P&G 브랜드 관리자였던 브루스 밀러는 이런 말을 했다. "이긴다는 것은 제로섬 게임이 아닙니다. 굳이 비유하자면 테니스보다는 골프에 가깝지요. 골프 게임에서처럼 우리 자신과 코스와 싸우는 것이지 테니스에서처럼 네트 맞은편 상대와 싸우는 것이 아닙니다. 최선을 다해 게임에 임했다면 그것으로 충분합니다. 게임에서 이긴 것입니다. 우리는 목표를 달성하지 못할 수도 있어요. 회사는 크기 때문에 적성에 맞는 업무로 재배치시킬 만큼 융통성을 갖고 있습니다. 그러므로 우리가 최선을 다했다면 그것이 곧 이기는 셈이지요."

밀러는 한 보조 브랜드 관리자에 대한 이야기를 해주었다. 그 관리자는 설정된 목표를 달성했을 때 마치 세상을 얻은 것처럼 보였다. 어느 날 동료 사원들이 영업 훈련을 나갈 준비가 되었을 때 그는 상사와 단독 면담을 가졌다. 그의 동료들은 그가 상사로부터 일의 성과에 관해 인정을 받을 줄 알았다. 그러나 그가 달성한 성과는 실질적인 것이 아니라 순간적인 성과에 불과했다. 그래서 상사는 그 보조 브랜드 관리자에게 회사나 업무를 바꾸는 것에 대한 의향을 물어 보고자 상담을 요청한 것이었다. 밀러는 이 사건을 계기로 승리한다는 것은 자신이 최선을 다해 의미 있는 성과를 달성하는 것이지 다른 사람을 앞지르는 것이 아니라는 사실을 배웠다.

P&G의 회장이었던 에드 알츠는 이긴다는 것을 전문 직업의식(프로페셔널리즘)과 동일시한다.

"전문 직업의식은 기본을 통달하는 것이에요. 이것은 경영에서 승리하기 위해 꼭 해야 합니다. 다시 말해 여러분이 하고 있는 사업, 수행하는 기능, 인사 관리 과정의 기본을 통달해야 합니다. 그렇지 않으면 견습생처럼 시키는 것만 착실하게 하는 신세가 되고 그나마 가지고 있던 총명함마저 사라지게 되지요. 예술, 스포츠, 사업 등 어떤 직업에서든 기본을 통달하기 위해서는 많은 희생과 반복이 필요하고 끊임없이 일을 하는 최선의 방법을 찾아야 합니다. 뭔가를 통달하고자 하는 사람은 어떤 희생도 마다하지 않으며, 기본을 통달하는 데 도움이 된다면 어떤 경험이나 하찮아 보이는 일도 마다하지 않습니다. 전문 직업의식을 갖기 위해 노력하고, 승리를 생활화하는 것은 이런 태도에서 시작됩니다. 만약 여러분이 승리하는 관리자가 되길 원한다면 전력을 다해 이런 태도를 갖기 바랍니다."

24

가능한 한 많은 것을 알아야 한다

지식은 전략적 사고의 토대이고 의사 결정의 기초이다.
그것은 승리의 기초이도 하다.

P&G에서 자료, 사실, 지식을 획득하고 종합하는 능력은 성과를 평가하는 데 중요한 기준이 된다. 브랜드 관리직 후보들은 일반적으로 알려진 정보들에 대한 인지 정도, 호기심, 세부적 지식에 대해 테스트를 받는다. 일단 채용되면, 그들은 고객 주문, 선적 자료, 시장 점유율, 지역별 매출, 경쟁자 동향, 인구 통계적 추이, 핵심 소비자 시장조사 자료와 사용 성향, 매체 활동 등과 같은 그들 브랜드와 관련된 데이터와 정보를 알고 있어야 하고, 어떤 토의에서든 그것을 제시할 수 있어야 한다.

P&G에서 사업에 대한 토론은 대개 정보와 자료에 기초해 이루어진다. 만약 질문이 제기되고 그와 관련된 자료가 확실하지 않으면 토의가 중단된다.

25

데이터에서 행동의 시사점을 찾아내라

출하 보고서나 시장 점유율과 같이 일상적으로 수집되는 마케팅 데이터에서
행동의 시사점을 찾아낼 수 있다. 그러나 새로운 조사를 하거나 정보를 수집할 때는
그 정보를 어떻게 활용할 것인지에 대해 사전에 이해하는 것이 가장 중요하다.

P&G의 시장조사 관리자였던 다이안 해리스는 모든 조사 프로젝
트에 적용되는 사전 계획이 시장조사 결과의 질과 전적으로 관련 있
다고 믿는다. 브랜드 팀은 시장조사 부서에 조사를 의뢰할 때 해결할
문제와 목표뿐만 아니라 조사결과의 용도를 명확히 밝힌다. "누구나
조사의 목표와 의도를 확실히 알고 있었습니다. 그래서 조사 계획을
수립하는 것이 매우 쉬웠습니다. 이 부분이 명확하지 않고 복잡한 기
업은 조사를 진행하지만 계획이나 실행 과정이 지지부진합니다."

P&G의 또 다른 시장조사 관리자였던 릭 스나이더는 다음과 같이
덧붙인다. "P&G에서 모든 시장조사 계획은 활용할 수 있는 것이어
야 합니다. 그렇지 않으면 조사를 실시하지 않습니다. 최고경영자에
게 모든 시장조사 계획을 보고하는 것이 기본 방침입니다. 브랜드 관
리자는 조사 계획과 건의사항을 한 페이지로 요약해서 보고합니다.
P&G는 활용되지 않을 시장조사에는 돈을 낭비하지 않았습니다."

26

의견은 중요하지 않다

사실이 부재한 상태에서 의사결정을 해야 할 때
본능적인 느낌에 기초한 의견과 정보에 입각한 판단을 혼동해서는 안 된다.

"P&G에서는 누가 맞느냐보다 무엇이 맞느냐를 더 중시한다. 어떤
개인보다도 사실, 진실, 논리가 더 큰 권위를 갖는다."

- P&G 전 회장 브래드 버틀러

P&G의 신임 보조 브랜드 관리자들은 문장을 시작할 때 "내 생각
에는……"이라는 문구는 적절하지 않고 "자료에 근거해서 볼
때……"라는 문구가 바람직하다는 것을 금방 배우게 된다. 심지어
"내 판단으로는……"이라는 말조차도 사람들이 들어보기는 하겠지
만, 그 판단은 과거의 경험이나 선례, 증거에 의해 뒷받침되는 것이
좋다. "내가 뼈저리게 느끼는 바로는……"이라는 말조차 별로 설득
력이 없다.

27

진리는 그 자체의 리듬과
조화를 갖고 있다

일화적인 증거는 본능적인 느낌에 기초한 의견만큼이나 행동화하기 어렵다.
그렇지만 객관적인 조사결과와 경험이 일치하지 않는 상황은 중요한 통찰의 계기가 될 수 있다.

P&G 브랜드 관리자들이나 임원들은 계속해서 현장을 돌아다니면서 점포들을 점검하고 표적집단 조사에 참석한다. 또한 식료품점에서 소비자와 대화를 나누고 배우자, 친구, 이웃에게 제품에 대한 의견과 반응을 듣는다. 이런 경험적인 조사 결과가 객관적인 시장조사 결과와 일치하지 않으면 그 이유를 밝히기 위해 객관적인 시장조사 결과를 다시 검토한다. 개인적인 경험은 중요하다. 한 브랜드 관리자는 콜드 스냅이라는 가정용 냉동 디저트를 집에 가져가 남편에게 먹여 보았다. 남편은 이 디저트를 잘 먹지 않았는데, 이것을 통해 그녀는 제품에 문제가 있다는 사실을 알게 되었다. 그리고 곧바로 제품 라인에서 철수시켰다.

28

실수를 기회로 삼아라

발전이 언제나 일직선으로 가는 것은 아니다.
발전의 비결은 실수를 인식하고 그것을 새로운 방식으로 바라보는 것이다.

유명한 실수들이 P&G 역사의 초석이 되었다. 1879년, 아이보리라 이름 붙여진 P&G의 흰색 비누의 원료들은 크러처라는 기계 장치에 의해 혼합되고 있었다. 크러처 기계는 회전하면서 원료를 혼합시켰는데 생산 직원이 원료 상태를 눈으로 확인하고 냄새를 맡아 보고 심지어 맛까지 보고 충분히 걸쭉해졌다고 생각하면 비누 주형에 원료를 부었다. 그런데 어느 날 중기식 크러처를 가동시키던 직원이 기계를 중지시키지 않은 채 점심 식사를 하러 나가 버렸다. 그가 돌아왔을 때 원료는 너무 오래 혼합되어서 거품이 나고 있었다. 그러나 그의 상사는 제품 원료가 아무런 영향을 받지 않았기 때문에 결함이 없다고 최종적으로 결정을 내렸다.

그 뒤 한 달쯤 지났을 때 아이보리 비누에 대한 재주문이 들어오기 시작했고 일부 고객들은 물위에 뜨는 비누를 찾았다. 이 사건을 계기로 물 위에 뜨는 비누는 경영층의 주목을 받게 되었고, 그 생산공정이 활용되었다. 물 위에 뜨는 아이보리 비누는 소비자들이 선호하는 제품이 되었고 P&G의 핵심 브랜드가 되었다. 이 모든 것이 점심 시간의 실수에서 비롯된 것이었다.

올레스트라(Olestra)라는 획기적인 기술은 생각지도 못한 실수에서 시작되었다. P&G는 여러 해 전부터 미숙아들의 체중을 늘리는 데 도움을 주게 될 쉽게 소화되는 지방을 만들려고 하고 있었다. 그러나 연구원들은 성공하지 못했다. 몸에 흡수되지 않고 배출되는 지방과 비슷한 혼합물을 만드는 데 그치고 말았다. 이 약은 1회용 기저귀 판매에는 도움이 될 수는 있을망정 미숙아의 체중 증가에는 도움이 되지 못했다. 하지만 P&G는 이 프로젝트 결과를 폐기시키지 않고 그 당시 추세였던 저지방 식품과 스낵으로 관심을 돌렸다. 그리고 프로젝트의 방향을 지방 대체 제품 개발로 전환했다. 그 결과로 태어난 제품이 바로 올레안(olean)이다.

『성공하는 기업들의 8가지 습관』이라는 책에서 보면 실수를 기회로 삼는 능력은 비전을 가진 기업의 중요한 특성이다. P&G는 실수를 우발적인 사고나 의도적이고 전략적인 실행 과정의 부산물로서 관대히 대한다. 그리고 그것을 활용한다.

일부 다른 기업들은 단순히 실수를 관대히 대하는 것에서 그치지 않는다. 저자들은 해당 기업들이 상세한 전략 계획에 의해서라기보다는 실험과 시행착오를 통해 중요한 발전들을 이루어냈다는 사실에 충격을 받았다. 3M은 연구원들이 많은 것들을 시도해 보고 효과가 있는 것을 계속 개발하게 하는 실험 과정을 제도화하기까지 했다. 3M의 한 전직 CEO는 이렇게 말했다. "우리 회사는 정말 우연히 몇몇 신제품을 발견했지요. 하지만 움직이지 않고 시도하지 않는다면 결코 우연한 발견이란 없다는 사실을 잊지 말아야 합니다."

29

모든 일에 헌신하라

상호의존적인 조직이 효율적으로 움직이려면
구성원 모두가 지속적으로 헌신하는 것이 필수적이다.

P&G에서 헌신(commitment)은 단합(integrity)의 문제다. 헌신은
하루아침에 만들어지지 않는다. 그것은 매우 진지하고 중요한 문제
이다.

P&G에는 강한 상호의존의 정신이 있다. 대부분의 일을 여러 부서
와 사람이 관여해서 결정한다. 회사 내에는 서로가 일에 헌신할 것이
라고 기대하는 문화가 있다. 회사 일에 느슨하게 연결되어 있기를 원
하는 사람은 없다. 회의를 통해 상호의존이 필요한 활동 계획을 수립
한다. 모든 사람이 회의의 목적을 알고 참여할 준비를 하며 일에 필
요한 헌신을 한다. 직원들은 자신이 할 수 있는 일과 할 수 없는 일을
분명히 알고 있는 상태에서 회의에 참석한다.

회의 자체는 정시에 모이는 것에 대한 헌신에서부터 출발한다. 일
부 기업에서는 고위 관리자들이 다른 중요한 업무로 바쁘기 때문에
회의에 늦는 일이 자주 있다. P&G에서 고위 관리자는 회의에 정시

에 참석함으로써 회의에 헌신한다. 부하직원들은 그러한 습관을 본받고 배운다.

회의를 할 때는 모든 참석자들이 회의에 열중한다. 왜냐하면 참석자들은 모든 것이 회의의 목표를 향해 나아가고 있다는 사실을 알기 때문이다. 회의에서는 결론, 조치 사항, 향후 계획이 결정된다. 회피나 "한번 해보겠습니다"라는 말로는 충분하지 않다. 정해진 날짜까지 헌신을 이행할 능력에 대한 통제권이 없다면 헌신은 누구도 믿을 수 없는 것이 된다. 기대 이상으로 헌신하는 것은 위대하지만 헌신이 부족한 것은 실패이다.

P&G의 CEO인 존 페퍼는 종종 자신의 아버지가 어떻게 자신에게 헌신했었는지를 설명하면서 모토롤라 회장이었던 보브 갤빈의 말을 인용하기를 좋아한다. "아버지는 나에게 가장 힘든 훈련을 시켰습니다. 그리고 그는 나를 신뢰했습니다."

성과 평가는 그와 동일한 종류의 기대를 갖는다. 부하 직원과 상사가 부하 직원의 업무 목표와 개인적 개발의 필요성에 동의하면, 그것을 실현하기 위해 양 당사자 모두에게 헌신이 기대된다.

30

신은 사소한 차이를 통해
승리를 안겨 준다

경쟁 우위는 종종 일관성과 세부적인 요소에 대한 주의에 달려 있다.
작은 실수는 부주의함의 증상일 수 있다.

P&G에서는 일을 철저하게 하는 게 아니면 대충하는 것이다. 그
중간은 없다.

폴 캐딘은 루브스 브랜드의 보조 브랜드 관리자였을 때 세부적 요
소에 주의를 기울이는 법을 배웠다. 그는 오하이오 주 콜롬버스에서
일했는데, 브랜드 출시 전 영업 팀을 대상으로 한 프리젠테이션을 위
해 판매 및 판촉 물품을 준비하는 책임을 맡았다.

"주요 고객에 관한 자료에서부터 점포 점원의 배지까지 준비할 것
이 수백 가지가 넘었어요. 나는 일을 잘해냈습니다. 그런데 루브스
제품을 올려놓을 선반에 붙일 선반카드를 깜박한 거예요. 내 상사만
이 선반카드를 빠뜨린 사실을 알아차렸습니다. 회의는 성공적이었습
니다. 그러나 상사는 나를 호되게 꾸짖고 1주 일 내내 나의 업무를
점검하더군요. 100퍼센트가 될 때만 일을 제대로 한 것이다. 이것이
그곳의 기준이었습니다."

31

발상을 전환하라

제품 혁신, 새로운 아이디어, 새로운 업무방식은 수평적 사고와
다른 분야에서 배운 교훈의 재적용으로부터 나온다.

P&G는 수지, 라드 스테아린, 목화씨 오일을 원료로 비누와 양초
를 생산하기 시작했다. 라드의 가격이 오르자 P&G는 업계 최초로
100퍼센트 식물성 쇼트닝을 만들기 위해 목화씨 오일에 대한 경험을
활용했다. 목화씨 분쇄에 관한 P&G의 경험은 땅콩버터 생산에 필요
한 땅콩 분쇄로 쉽게 전환되었다. 이보다 더 중요한 것으로, 분쇄 지
식과 펄프 기술들은 종이 제품들의 개발로 이어졌다.

비누 및 세제 생산 경험은 수분에 함유된 칼슘에 대한 연구로 이어
졌고, 수분 속의 칼슘과 불화물의 관계를 이해함으로써 치약으로 충
치를 예방하는 방법을 개발했다. 치아와 칼슘에 관한 지식은 뼈에 대
한 연구로 이어져 골다공증 처방약인 디드로넬(Didronel)과 같은 조
제 기술을 개발하기에 이르렀다.

광고 아이디어 역시 재응용될 수 있다. P&G는 조사해서 재응용하
라는 개념을 제도화해왔다. P&G는 자사의 자체 광고는 물론 세계

곳곳의 경쟁 광고를 분석하는 카피 서비스 부서를 운영하고 있다. 이 부서는 브랜드 팀이 필요로 하는 정보를 제공하는 역할을 한다. 브랜드 팀은 카피 서비스 부서의 정보를 통해 어떤 광고가 효과적이고 그렇지 않은 것인지, 그리고 지금까지 어떤 기술들이 시도되어 왔고 유용할 것인지를 알 수 있다.

미국에서 있었던 세탁용 세제 게인의 "Show and Smell Challenge"라는 성공적인 광고 캠페인이 그러한 사례이다. 그 컨셉은 영국 런던에서 P&G의 다즈(Daz) 세제의 TV 광고를 위해 개발되었는데, 이동 뉴스 팀이 한 가정주부를 급작스럽게 방문하여 그녀의 세탁물에서 어떤 냄새가 나는지를 맡아보게 하는 장면을 보여준다.

일찍이 코메트(Comet) 세제의 광고가 특히 효과적이었다는 결론이 내려졌는데, 그 까닭은 경쟁 제품과 비교하는 세척 시연에서 경쟁 제품에 좀더 긴 세척의 이점을 주었음에도 불구하고 코메트가 경쟁 제품보다 우수한 세척 효과를 발휘했기 때문이다. 그 이후로, P&G의 제품 비교 시연에서는 경쟁 제품들에 추가적인 세척의 이점이 주어졌다. 하지만 P&G 제품이 항상 이긴다.

다우니(Downy) 광고의 마지막 장면에서는 타월 더미 위로 다우니 병이 떨어지면서 튕겨져 나가는 장면을 느린 동작으로 보여준다. 이 컨셉은 샴푸 광고에도 그대로 적용되어 머리카락이 물결치며 튕겨지는 모습을 느린 동작으로 보여 준다.

발상의 전환을 제도화한 헬스케어 리서치 센터

P&G가 다른 분야에서 나온 아이디어를 결합시키는 타가수정(cross-fertilization)이라는 아이디어를 제도화한 가장 좋은 사례는 1995년에 설립된 신시내티의 헬스케어 리서치 센터가 P&G 연구개

106

발 시설들의 글로벌 네트워크에서 허브 역할을 수행하는 방식이다.

이 센터에서 가장 놀라운 일 가운데 하나는 항공사진 작가 조지 거스터와 마이크로 사진작가 맨프레드 케이지의 사진 전시회이다. 언뜻 보아서는 그것이 화산인지, 피부의 털구멍인지, 마른 아마씨 오일인지 혹은 나미비아의 강과 바다가 만나는 장면을 하늘에서 내려다본 것인지 분간하기 힘들다. 이 전시회는 "새로운 방식으로의 생각을 통한 지속적인 발견"이라는 이 센터의 주제를 상징화하기 위해 기획되었다.

헬스케어 리서치 센터 빌딩은 자유로운 사고의 교류와 발상의 전환을 촉진하는 데 목적을 두고 설계되었다. 복도가 일반 복도보다 넓게 설계되어 있으며 엘리베이터가 아닌 에스컬레이터가 설치되어 있다. 근무자들이 좁은 복도보다 좀더 넓은 복도에서 허심탄회한 대화를 나누며, 엘리베이터 보다 에스컬레이터에서 자유로운 대화를 나눈다는 연구 결과가 있었기 때문이다. 상호 협력과 교류를 촉진한다는 취지 하에 실험실과 사무실 공간이 개방되어 있다. 그리고 가까운 거리에 밀담을 나눌 수 있는 공간과 회의실이 위치해 있으며 '스피드 팀(speed team)'을 위한 '팀룸' — 특정 상품에 대한 사고를 확장하기 위해 직무가 상호 연결된 팀들이 함께 모이는 장소 — 이 마련되어 있다(스피드가 중요하다. P&G는 의약품을 개발하고 시장에 내놓기까지 평균 잡아 359달러의 비용과 12년의 세월이 소요된다는 결과가 나왔다. 하루에 무려 8만 1,000달러가 소요되는 셈이다).

헬스케어 리서치 센터는 연구원들이 P&G에 소속된 다른 연구원들과 적극적인 상호 교류를 하도록 권장하고 있다. 또한 P&G는 세계 전역의 연구개발 시설에 근무하는 과학자들과 기술진들의 특수한 지식과 경험을 데이터베이스로 구축해 놓았다. 그리고 요구가 있을 때마다 언제든지 1대 1 모임을 가질 수 있는 비디오 컨퍼런스 센터를 구비하고 있다. 그리고 '글로벌 연구개발 월차 보고서'라는 데이터 베이스가 구축되어 있는데, 이를 통해 연구원들은 저자, 지역, 분야, 카테고리, 특정 기술 또는 프로젝트 별로 월례 보고서를 살펴볼 수 있다.

P&G가 장려하는 이러한 협력의 결과물이 바로 P&G의 위궤양 치료약인 헬리닥(Helidac)이다. 이 약에 관한 아이디어는 맨 처음 P&G의 처방약 연구원에게서 나왔다. 그녀는 이 회사의 일반 의약품 분야 연구자들과 펩토 비스몰(Pepto-Bismol)에 관해 함께 연구했었고, 그리고 그들은 이전에 위궤양을 일으키는 박테리아를 발견한 오스트레일리아의 연구자와 함께 일한 적이 있었다.

32

예상치 못한 일이 일어날 수 있음을 염두에 두어라

경쟁에서 이기기 위해 서두르다 보면
실수로 값비싼 대가를 지불할 수 있음을 유의해야 한다.

P&G는 너무 보수적인 회사라고 여겨진다. 특히 뭔가를 성사시키길 열망하는 P&G의 브랜드 관리자들이 그렇게 생각한다. 하지만 뼈아픈 교훈들의 오랜 역사는 P&G로 하여금 장기적인 관점을 강화하고 값비싼 실수를 저지르기 전에 문제를 밝혀내는 절차를 엄격히 사용하도록 해왔다.

매장 테스트, 선적 테스트, 확장된 가정 내 사용 테스트 등은 모두 P&G의 표준화된 테스트 절차에 속한다. 이렇게 많은 조사를 하는 이유는 사전 테스트나 제품 분석 등을 거쳐도 예상치 못한 일이 발생할 수 있기 때문이다.

예를 들어 P&G가 치약 분야에 처음으로 뛰어들게 된 계기는 틸(Teel)이라고 불리는 합성 세제 기술을 개발하다 얻은 부산물 때문이었다. 틸은 소비자 사용 테스트를 거쳤으며 그들은 이 제품을 좋아했다. 맛이 거부감을 주지 않았고 매력적인 색상을 지녔으며 연마제가 함유되지 않았기 때문에 소비자들은 다른 치약보다 뛰어난 장점을 가지고 있다고 판단했다.

틸은 전국적으로 유통되었고 얼마 동안 큰 성공을 거두었다. 그런 내 갑자기 판매가 침체되기 시작했다. 몇몇 사용자의 구강 내 화학 성분이 누런 플러그를 만들어낸 것이다. 광범위한 소비자를 대상으로 충분한 테스트가 이루어지지 않았기 때문에 문제를 미처 밝혀 내지 못했던 것이다. 결국 이 제품을 시장에서 철수시켜야만 했다.

최근에 치약 부문에서 발생한 사례를 보면 P&G가 제품 테스트를 하면서 얼마나 인내심을 갖는지 알 수 있다. 화이트 캡(White Cap)이라는 치약을 개발했는데, 이 제품은 맥클린과 울트라 브라이트와 경쟁할 만큼 화한 맛이 났을 뿐만 아니라 주석 불화물을 함유하고 있었다. 소비자들을 대상으로 한 컨셉 테스트와 시제품 테스트에서 좋은 반응을 얻었고 광고 테스트까지 거쳐 모든 준비가 완료된 상태였다.

하지만 브랜드 팀과 광고대행사에겐 분하고 절망스러운 일이지만, P&G의 절차는 확장된 매장 테스트를 거칠 것을 요구했다. 그런데 이 단계에서 제품의 효능에 기여하는 성분들이 합쳐지면서 튜브에 구멍을 낸다는 사실이 드러났다. 이 제품은 시장에 출시되지 못했다.

|메모와 회의|

P&G에서는 모든 일을 기록하고 메모한다. P&G 메모는 전략적
사고의 주형과 같다. 메모는 잘못된 생각을 드러내고 독창적인
생각을 체계화한다. P&G 회의에도 메모의 조직성과 간결성의
원칙이 그대로 적용된다.

33

문서화하지 않으면
아무 일도 일어나지 않는다

문서화된 메모는 P&G 문화에서 필수불가결한 요소다.
메모는 정보교환과 의사결정을 위한 수단이다. 아이디어나 제안이 문서로 작성되면,
그것은 오로지 분석과 비판적 사고의 강점에 의해 지지받는, 그 자신만의 장점에 기초하게 된다.

P&G에서 메모 작성을 가장 중요시하는 조직은 브랜드 관리 조직
이다. 왜냐하면 경영과 관련된 대부분의 의사결정이 브랜드 관리 조
직이 제출한 정보와 제안을 기초로 이루어지기 때문이다. P&G에서
는 메모가 정보를 정확하고 간결하게 보고하는지를 평가한다.

여섯 단어로 구성된 문장이 다섯 단어만 가지고 보다 분명하게 표
현될 수 있거나 도표가 문서보다 의사소통에 효과적이면 메모를 수
정한다. 그리고 메모보다 예시를 통해 자료를 명료하게 이해할 수 있
거나 형용사가 전달하고자 하는 의미를 정확하게 전달할 수 없을 경
우에도 메모를 수정한다.

오자나 계산이 잘못된 도표는 개인의 부주의함을 드러내는 것으로
일절 용납되지 않는다. P&G 직원들은 자신의 메모는 물론 부하 직
원의 메모를 검토하는 데 있어서 초인적이라 할 만큼 오자나 산술적
실수들을 꼬집어내는 데 철저하다. 새로운 직장을 찾아 P&G를 떠난

사람들은 새로운 직장이 P&G에 비해 메모를 적당히 하고 소홀히 하는 데 몹시 놀란다.

기본적으로 메모의 형태에는 정보 메모와 제안 메모라는 두 가지가 있다. 정보 메모에는 연구 분석, 점포점검 보고서, 판매 및 시장 자료 요약, 경쟁사 분석, 표적집단 관찰 등이 포함된다. 한편 제안 메모는 전형적인 P&G 메모로서, 가장 철저한 검토를 거치는 메모에 속한다. 제안이 논리 정연하고 빈틈없이 제시되어야 한다. 의미 파악에 있어서 논리적으로 모순이 있거나 비논리적인 정보 또는 근거가 빈약한 견해는 감내하기 힘든 도전을 받게 된다.

34

메모는 전략적 사고의 주형이다

메모는 분명하고 빈틈이 없을 뿐 아니라 장기적인 목표와 일치하는 분석적 사고를 요구한다. P&G 메모의 양식은 기획안을 그 전략적 기초와 연결시킨다.

제안 메모를 구성하는 기본적인 요소는 다음과 같다.

- 목적 진술(Statement of Purpose)
- 배경(Background)
- 제안(Recommendation)
- 논거(Rationale)
- 토의(Discussion)
- 후속조치(Next Steps)
- 예시(Supporting Exhibits)

목적 진술은 제안하려는 바의 목적을 간결하게 진술하는 것이다. 목적 진술 다음에는 배경이 이어지는데, P&G의 메모 중에서 매우 중요한 부분에 속한다. 다른 회사들은 이를 소홀히 다루거나 아예 무시하는 경향이 있다. 물론 일부 회사의 경우 배경 섹션에 대한 필요성이 상대적으로 적을 수 있다. 예를 들어 메모를 검토하는 명령 계통이 단순해서 관련 당사자 모두가 쟁점에 대해 숙지하고 있는 경우가 그러하다. 그러나 대부분 회사에서 배경 섹션이 미약할 경우, 관련 관리자들이 쟁점에 대해 피상적으로 이해하는 데 머무를 수 있다.

P&G 제안 메모의 배경 섹션은 두 가지 기능을 가지고 있다. 첫째 메모가 다루는 쟁점을 제품이나 회사의 전략적 목표와 연결시킨다. 둘째, 제안을 통해 해결하고자 하는 문제를 정의한다. P&G는 배경을 철저하게 점검하며 그냥 지나치는 법이 없다. 문제의 틀, 즉 배경에 동의하지 않는다는 것은 그 해결책이 부적절하다는 것이다.

제안이라고 불리는 다음 섹션은 배경에서 설명한 문제를 해결하는 방법을 기술하는 데 목적을 두고 있다. 그 다음으로 제안에 대한 이유를 제시하는 논거 섹션이 이어진다. 그 다음 섹션은 메모를 읽는 사람들의 질문을 예측하고, 위험요소 또는 대안에 대해 토의하거나 제안의 상세한 부분을 제시하는 토의 섹션이다. 그 뒤 후속 조치 섹션이 이어지고 예시 섹션으로 끝을 맺는다.

많은 브랜드를 가지고 다양한 활동을 하는 P&G 같은 회사는 자료와 과거 경험을 토대로 장기적 전략과 관련된 의사결정이 내려지기 때문에 종합적인 메모가 매우 중요하다.

| P&G 메모 예 |

발신 : C. L. 데커
수신 : J. O. 독스
주제 : 서부 로키 지역의 바운티 타월 판매 개선안

본 메모의 목적은 서부 로키 지역의 바운티 타월 시장점유율을 제고하기 위한 계획을 제안하고 본 회계 연도에 15만 달러의 자금 증액을 요청하는 것이다. 본 제안에 대해 판매 담당도 동의하고 있다.

배경

- 서부 로키 지역은 종이 타월의 전략적 시장으로, 유통 및 공급의 효율성을 제고하기 위해 선적량을 증가시켜야 한다. 본 부서의 임무는 a)전략 상품의 판매를 촉진시키고 b)시장 석권에 대한 우리의 의지를 보여주는 것이다. 이 지역은 상권이 미성숙 단계에 머물러 있으며 경쟁사의 지배가 두드러진 지역이다.
- 최근 4개월까지 바운티의 시장 점유율이 목표치에 가까스로 도달하고 있다.

시장 점유율	7월-10월	11월-2월	3월-6월	7월-10월	11월-2월(예측)
목표	22.6	23.1	23.6	24.0	24.4
실적	22.8	22.7	24.0	23.6	22.6

- 남부 캘리포니아 4개 지역에서 이러한 취약성이 전반적으로 나타나고 있다.

	11월-2월 시장 점유율			11월-2월 바운티
	바운티	브로우니	스콧타월	선적량
서부 로키 전체(100%)	22.6	33.6	20.2	802MSU
남부 캘리포니아 4개 지역(27%)	18.8	32.1	23.6	216MSU
나머지 서부 로키 지역(73%)	24.0	34.4	18.9	586MSU

- 남부 캘리포니아 4개 지역에서 나타난 바운티 판매 저조는 남부 캘리포니아 히스패닉계 시장에서 유통 및 영업력이 취약하기 때문이다. 추적 조사에 의하면 서부 로키 전역에서의 스콧 타월 판매촉진이 히스패닉 사회에 기반을 둔 소매점에서 특히 효과가 있었으며, 이러한 점이 바운티 타월에 부정적인 영향을 끼친 것으로 나타나고 있다. 점포 점검을 통해 이 같은 사실이 확인되었고, 바운티의 재고는 점점 증가하고 있는 상황이다.

제안

- 히스패닉 지역사회 및 그들이 이용하는 소매점들을 타깃으로 한 광고 및 판촉 활동이 즉시 실시되어야 한다. 이 계획을 시행하려면 94/95 회계 연도에 17만 달러, 95/96 회계 연도에 23만 달러의 비용이 요구된다. 이번 회계 연도에 15만 달러를 요청한 것과는 별도로 본 계획은 내부적인 자원의 재할당과 본 계획으로 인해 예상되는 판매 증가를 통해 자금을 확보하게 될 것이다.

논거

* 최근의 바운티 광고 캠페인은 히스패닉계 소비자들에 부적절한 것으로 판단된다. ARS 조사에 따르면 히스패닉계를 대상으로 한 가족 재회 광고는 회상도, 구매 의욕, 호소력 측면에서 점수가 낮게 나왔다. 히스패닉계 소비자를 대상으로 1대 1로 실시한 품질 조사에 따르면, a) 동일 광고에서 일반 바운티와 고강도 바운티를 함께 보여 준 것이 혼동을 일으켰으며, b) 히스패닉계 소비자들은 가족 재회에 대해 관련성을 느끼지 못했다고 한다. 결국 히스패닉계 시장을 타깃으로 개발된 새로운 광고 카피를 통해 이러한 문제가 바로잡아졌다. 광고는 만화 형식으로 만들어져 1대 1 테스트와 표적집단 조사 방식을 통해 제시되었다. 광고 내용은 분명하게 이해되었고, 적절하고 호소력이 있다는 평가를 받았다

* 여덟 개의 다른 P&G 브랜드들의 경험에 비추어 볼 때, 특별히 히스패닉계 시장을 공략하기 위해 만들어진 광고가 카피 테스트에서 2~4배 더 나은 결과를 보였으며, 이를 시장에 선보였을 때 탁월한 실적으로 이어졌다.

* 히스패닉계 시장은 남부 캘리포니아의 소매상들에 매우 중요하다. 영업 전문가인 셀럼은 월마트, 럭키스, 세이프웨이 등이 바운티의 판매량에 우려를 나타냈으며, 실적이 나아지지 않을 경우 거래 중지가 될 수도 있다고 조언했다. 그는 히스패닉계 시장을 겨냥한 광고와 판촉 이벤트가 실적 호전에 상당한 도움을 줄 것이라고 믿고 있다.

* 제안 프로그램은 28개 월 이내에 효과를 보도록 제시되었다. 제안 프로그램이 서부 로키 지역에서의 브랜드 성장에 상응하는 정도로 판매량을 만들어낸다고 가정할 경우, 이러한 노력은 28개 월 이내에 효과를 거둘 수 있을 것이다. 반대로 아무런 조치를 취하지 않는다면 유통 및 판매에 심각한 손실이 초래될 것이다.

* 이 프로그램은 다른 히스패닉계 시장에도 적용할 수 있다. 남부 캘리포니아 시장을 대상으로 제작된 라디오와 텔레비전 광고, 기타 판촉물이 남부 캘리포니아 밖의 다른 히스패닉계 시장(텍사스, 뉴멕시코, 뉴욕, 플로리다 남부 등)에서 선택적으로 사용될 수 있다. 이를 통해 비용을 분담하고 이들 시장에서 바운티 마케팅 활동을 더욱 강화할 수 있다.

세부 계획, 일정, 후속 조치

* 거래 중지를 미연에 방지하기 위해 가능한 한 신속하게 거래처에 행동 계획을 제시하는 것이 시급하다. 본 제안에 대한 즉각적인 승인을 통해 3월 말까지 거래처 설명작업을 마치고, 4월 15일을 기점으로 라디오 광고를 개시한 다음 5월 초에 텔레비전 광고를 시작하고, 선별적인 가가호호 샘플 배포가 최초 광고의 집행이 끝나는 6월에 시작될 것이다. 이와 동시에 소매점 유통망을 통해서도 시제품들이 배포될 것이다.

위 제안에 대한 귀하의 동의를 요망합니다.

— C. L. 데커

35

메모는 잘못된 생각을 드러내고
뛰어난 생각을 예리하게 만든다

P&G에서 메모는 논리적이고 체계적으로 아이디어를 제시하는 방법이다. 배경이 제안으로 자연스럽게 이어지지 않거나, 제안이 합리적 근거에 의해 뒷받침되지 못할 때에는 결함이 노출된다. 그러나 모든 요소들이 자연스럽게 연결될 경우, 그 사고는 난공불락이다.

만약 제안이 문제를 구체적으로 해결하지 못하거나 브랜드의 전략적 이익을 향상시키지 못한다면, 제안이 배경으로부터 자연스럽게 도출된 경우가 아닐 것이다. 만약 제안이 철저하게 검토되지 못했거나 위험이나 기타 실행 과정들이 고려되지 않았다면, 메모의 양식이 그것들을 드러내게 된다.

그러나 모든 요소가 연결되어 있다면 논리는 자연스럽게 흘러간다. 이것은 P&G 직원들에게 미적인 것일 수 있다. 때로는 메모 자체가 아이디어보다 더 각별한 관심을 받기도 한다. 댄서 피츠제럴드샘플 광고 회사에서 보조 AE로 일했던 진 플러메즈에 의하면, P&G의 브랜드 관리자가 전화를 걸어 그가 작성한 메모에 대해 칭찬하기를, "얼마나 멋진 생각인가!"라는 말 대신 "얼마나 잘 써진 메모인가!"라고 말했다고 한다. 이는 P&G가 얼마나 메모를 중시하는지를 단적으로 보여주는 것이다.

진 플러메즈는 다음과 같이 덧붙였다. "P&G에서는 메모가 특정한 방식으로 작성된다면, 사람들은 그것을 쉽게 이해할 것이고, 좋은 아이디어들이 나올 것이고, 그리고 나쁜 아이디어들은 들키게 될 것이라고 생각하는 것처럼 보였습니다. 나는 이점이 바로 P&G의 성공비결이라고 생각합니다. P&G 직원들은 실수가 발생하기 전에 먼저 파악하기 때문에 실수를 최대한 줄일 수 있습니다. 이러한 점 때문에 그들이 지속적으로 높은 성장을 유지하고 있는 것이지요."

36

P&G 메모 작성법을 배우면
사고하는 법을 배울 수 있다

P&G 직원들이 메모에 관해 그토록 강박관념을 갖는 이유 중 하나는 잘못된 메모는
잘못된 지능의 증상일 수 있기 때문이다. 브랜드 관리자가 뛰어난 커뮤니케이션 기술을
갖고 있지 않은 경우 승진하기가 어렵다. 메모 작성은 궁극적인 커뮤니케이션 기술이다.

메모는 의사 결정과 정보 교환의 토대일 뿐만 아니라 마케팅 담당
자에게 사고하는 방법을 가르쳐 주는 주요한 교육 도구라고 할 수 있
다. 메모 작성 경험은 프린스턴대 영문학과를 졸업하고 하버드 경영
대학원을 나온 한 직원에게도 새로운 각성의 계기가 되었다. 그는 대
학에서 학위논문으로 상을 받기도 했지만 P&G의 메모는 대학에서
했던 것과는 다르다. 메모의 목적은 작성자가 얼마나 많은 것을 알고
있는지, 또는 얼마나 많은 연관성을 만들어내는지를 보여주는 것이
아니라 작성자가 주장하고자 하는 것의 핵심을 추출하고 그것들을
단순 명료하면서도 설득력 있게 표현하는 데 있다.

훌륭한 편집이 곧 훌륭한 생각이다

P&G에서 메모를 세 번 정도만 교정하는 경우는 거의 없다. 막 업
무를 시작한 보조 브랜드 관리자의 경우 보통 자신의 첫 메모를

120

15~20회 정도 수정한다. 메모가 브랜드 관리자의 손을 떠나 상사들에게 전달되고 다시 내려오는 과정에서 6회 이상의 교정을 거친다. 따라서 수년 간 메모를 작성해 온 브랜드 관리자라도 회사의 경영진이 어떻게 생각하는지 그리고 그러한 생각에 맞게 어떻게 메모를 작성해야 하는지에 대해 계속 교육을 받아야 한다.

많은 사람들은 메모의 수정 과정이 너무 지나치다고 생각한다. 그러나 이런 과정을 거치는 것에 대해 유감을 가지는 직원은 없다. 경영 대학원을 졸업하고 브랜드 관리 부서에서 3년 간 근무 한 경험이 있는 폴 카딘은 수정 과정에 대해 다음과 같은 이야기를 들려주었다.

"지극히 단순한 주제의 메모라도 경영층에게 전달하기 전에 상사가 10회 정도 교정을 했어요. 그 과정은 사고하는 방법을 제대로 가르쳐 주는 과정이었지요. 당시에는 그것이 고통스러웠고 시간 낭비처럼 느껴졌지만, 지나고 나니 일찍이 제가 경험한 것 중에서 가장 멋진 체험이었던 것 같습니다. 이제 저는 여기에서 배운 방식대로 생각하는 습관을 가지게 되었습니다. 논리의 흐름은 논리가 단어로 표현되는 방식보다 훨씬 더 중요합니다. 업무 문제에 대해 이야기를 나누거나 누군가를 자신의 사고 과정에 빠져 들게 만들 때, 말의 경제(Economy of words)가 필요하며, 이것은 메모 훈련 과정에서 배울 수 있습니다."

편집 과정에서, 논리적 연결이 부족한 것이 드러나는 경우가 있다. 이때 메모를 읽은 사람이 거치는 것과 동일한 과정(다시 해결책을 문제와 연관시키고, 근거를 해결책과 연관시키고, 그리고 대안을 근거와 연관시키기)을 거침으로써 제안은 발전되고 강화되고 변화될 수 있다. 편집 과정을 통해 좋은 아이디어는 더 좋게 만들어지고, 나쁜 아이디어는 발견되어 삭제되거나 좋은 아이디어로 변형될 수 있다.

상사들도 동일한 작업을 한다. P&G 임원들은 메모를 검토할 때 일반적으로 연필을 사용한다. 그들은 단순히 메모의 한 귀퉁이에 의견을 적거나 의문사항을 기재하는 데에 그치지 않고 논점을 분명히 하기 위해 문장이나 단어를 삽입한다. 메모를 쓴 당사자는 나중에 상사들의 수정 사항에 대해 동의, 반대 또는 재수정을 할 수 있다. 그러나 연필을 가지고 메모를 검토하는 것은 메모에 대해 비평하고 대답하는 것 이상의 의미를 가지고 있다. 그것은 읽은 사람이 메모에 제시된 생각과 상호작용하고, 이해하는 절차이다.

한 장짜리 메모의 신화

유명한 P&G의 한 장짜리 메모는 일종의 신화 같은 것이다. 보조 브랜드 관리자나 브랜드 관리자가 처음 작성한 메모는 보통 3~4페이지 분량이다. 그러나 그것들은 간결하다. 불필요한 단어, 주제와 무관한 쟁점, 타당성은 있지만 중요하지 않은 주장은 삭제된다.

표제 부분은 한 페이지를 초과하는 법이 없다. 표제에는 메모에 대한 요약과 요약을 다시 요약한 내용이 포함된다. 메모가 상사들에게 전달될 수 있는지의 여부가 바로 이 내용에 달려 있다. 언뜻 보아서 더 이상 줄일 것이 없어 보이는 표제도 상급 관리자에게 가면 양이 줄어든다. 각 관리자가 다음 상급자에게 적절하다고 생각하는 정보만 제공하는 커뮤니케이션은 매우 효율적인 방법임에 틀림없다. 그러나 서열상 맨 위에 있는 사람이 원래의 메모를 읽고자 할 경우에는 그것이 첨부된다.

37

훌륭한 메모는 쉽고 명쾌하다

좋은 메모는 메모 자체가 주목받지 않는다.
최고의 메모는 단순하고 솔직하며, 제안한 아이디어가 최대한 부각되도록 한다.

P&G 직원들은 그들이 대화하는 방식대로 메모를 작성하도록 교육받는다. 그렇게 하는 것이 좀더 자연스럽고 접근하기 쉬우며 호소력이 있다. 과거에는 펜으로 메모 초안을 쓰게끔 했다. 하지만 최근에 입사한 대부분의 직원들은 컴퓨터로 메모를 작성한다. 그들은 워드 프로세서에 능숙하며 수년 간 이메일을 작성하고 채팅을 해본 경험이 있기 때문에 키보드 상에서의 대화 스타일에 익숙하다. 첫 번째 초안이 작성된 후 교정 과정을 거쳐 문장을 간결하게 다듬는다. 그러나 대화 스타일을 잃을 정도로 간결성이 너무 지나치지 않도록 유의한다.

중요한 것은 읽는 사람의 관심을 끄는 것이다. 다른 효과적인 커뮤니케이션 기술과 같이, 메모는 읽는 사람의 성향을 고려해야 하며, 그 내용이 쉽게 이해될 수 있도록 배경 정보를 제공해야 한다. 질문이나 의문사항은 읽는 사람의 마음속에서 떠오르자마자 해결되어야 한다. 메모의 목표는 읽는 사람이 메모를 읽으면서 고개를 끄덕이게 만드는 데 있다. 마치 그것이 읽는 사람의 생각이었던 것처럼 아이디어가 자연스럽게 흘러나와야 한다.

톰 웨이그먼은 읽는 사람과의 교감이 중요하다는 점을 처음 깨달았을 때를 기억한다. 당시 그는 보조 브랜드 관리자로서 동료들과 맥주잔을 기울이며 그들 가운데 한 사람이 작성 중이던 메모에 대해 대화를 나누고 있었고, 그 메모의 특정한 문장을 가장 잘 표현하는 방법에 대해 이야기가 나왔다. 웨이그먼은 그 상황을 이렇게 전했다.

"그때 브루스 밀러가 '잠깐만! 게리라면 그것을 이렇게 말했을 거야'라고 말하더니 브랜드 관리자인 게리 스티벨이 문장을 작성하는 방식대로 그 문장을 흉내냈어요. 그런 다음 사업부의 다른 두 브랜드 관리자의 방식도 흉내냈지요. 그는 그들을 철저히 연구해서 작문 스타일을 흉내낼 수 있었던 겁니다. 브루스가 우리 조에서 가장 열성적인 보조 브랜드 관리자란 사실을 인정해야만 합니다. 그의 메모 솜씨는 대단히 뛰어났습니다. 우리는 그가 자신의 상사가 작성하는 방식과 똑같이 메모를 작성한다는 사실을 알게 되었죠. 그 상사가 누구든지 간에 말입니다. 그래서 그 상사는 '세상에, 완벽하군!'이라고 말하곤 했어요. 자기가 작성한 방식과 똑같았으니 말이죠!"

회의가 절대적으로 필요하다면 메모처럼 다루어라

P&G에서 회의는 목적 지향적이고 조직화되어 있다. 잘 짜여진 메모가 정보 및 제안을 서로 교환하고 행동을 시작하는 매우 효과적인 도구인 것처럼, 이와 동일한 조직성과 간결성의 원칙이 회의에도 그대로 적용된다.

P&G 문화 속에서 성장한 직원들이 P&G를 떠나 다른 조직에 몸담을 경우 주로 느끼는 차이점은 그곳의 문화에는 회의가 보편화되어 있고 문서화된 커뮤니케이션이 부족하다는 점이다. 메모의 경우 서류를 검토하면 모든 요소들이 제대로 돌아가는지 확인할 수 있다. 그러나 회의의 경우 그것을 확인하기가 힘들다. P&G 사람들은 회의시 발표자 스타일이나 그래픽 사용과 같은 프리젠테이션 방식이 정신을 산만하게 만들 수 있다고 느낀다.

광고대행사가 브랜드 팀에게 새로운 광고를 선보이는 광고 검토 회의를 보면 P&G의 회의 형식을 잘 알 수 있다. 메모와 같이 회의도 모든 요소들(목적 진술, 배경, 제안, 논거 등)이 연계되도록 구성된다.

전형적인 회의 모습

P&G의 광고 검토 회의는 브랜드 관리자가 회의의 목적을 설명하

면서 시작된다. 그 다음 크리에이티브 목표와 전략(브랜드 관리자 또는 보조 브랜드 관리자가 발표)을 재검토한 뒤 브랜드 관리자의 카운터파트인 광고대행사의 AE가 전략과 광고 간에 다리 역할을 하는 광고 개발 과정을 설명한다.

그리고 크리에이티브 디렉터나 카피라이터가 광고를 소개한다. 그들은 열정적으로 광고를 소개하며 지금까지 제작한 광고 가운데 가장 멋진 광고가 될 것이라는 기대를 갖게 한다. 잠시 침묵이 흐르고 보조 브랜드 관리자, 브랜드 관리자, 마케팅 관리자(브랜드 관리자의 상사)가 모두 뭔가를 적기 시작한다.

보조 브랜드 관리자가 먼저 말문을 연다. 그의 첫 번째 발언은 광고가 해당 브랜드를 위한 광고 전략을 제대로 이행했는지에 관한 것이다. 단순히 광고가 좋다, 또는 좋지 않다는 것이 아니다. 다음 발언은 대개 광고가 P&G의 카피 대학(브랜드 관리자들에게 광고 평가 방법을 가르치는 훈련 프로그램)에서 배운 원칙을 얼마나 잘 따르고 있는가에 관한 것이다. 광고대행사가 답변할 기회가 주어지는데, 광고가 브랜드를 위한 광고 전략을 어떻게 이행하고 있는지를 설명한다.

그 다음 브랜드 관리자가 보조 관리자의 평가에 대한 동의 여부를 밝히고, 자신의 생각을 덧붙인다. 광고대행사가 답변을 마치면 마케팅 관리자는 지금까지의 평가에 대한 견해를 밝힌다. 그는 종종 P&G가 다른 광고를 통해 얻은 경험을 덧붙이기도 한다. '정보에 입각한 판단'임을 미리 밝히고 일부 주관적인 평가를 제시하기도 한다. 그러고 나서 광고대행사 관리자가 답변을 한다. 마케팅 관리자가 회의에 참석한 P&G 사람들 중 가장 상급자일 경우 그가 광고에 대한 최종 평가를 발표한다. 그 다음 브랜드 관리자가 발언사항, 결론, 결정 및 후속 조치 등을 요약한다.

P&G 직원들은 광고가 가진 창의적인 특성을 인식하도록 훈련받아 왔으며, 회의 과정에서 고압적인 방식으로 광고를 비판하지 않도록 주의한다. 그럼에도 불구하고 회의의 기본 틀은 매우 객관적이고 목적 지향적이기 때문에 회의는 지속적으로 광고의 목표와 전략, 궁극적인 목적에 초점을 맞춘다.

P&G 회의의 기본 원칙

대부분 기업에서는 회의가 계획성 없이 진행된다. 한 예로 미국 기업의 경우 회의의 최대 효율성이 약 30퍼센트에 지나지 않는다고 한다. 그러나 P&G에는 어떠한 상황에서든 보편적으로 적용할 수 있는 기본원칙이 있다.

- 달성하고자 하는 목표가 무엇인가를 미리 결정한다.
- 누가 어떤 목적으로 회의에 참여할 것인지 결정한다.
- 의제를 준비하고 회의 전에 배포한다.
- 회의 전에 의제에 대한 의견이나 수정을 구한다.
- 의제, 회의 목표, 배경에 대한 재검토와 함께 회의를 시작한다.
- 회의가 논점을 벗어나지 않도록 한다.
- 모든 참석자가 참여할 수 있는 분위기를 조성한다.
- 다음 단계를 수립한다. 즉 누가, 무엇을, 언제, 어떻게 할 것인가를 정한다.

올바른 의제를 준비하고, 회의를 시작할 때 회의 목표를 상세하게 설명하며, 회의가 순조롭게 진행되도록 하는 책임을 누군가에게 부여한다면, 회의를 통해 지금보다 훨씬 더 많은 것을 얻어낼 수 있다.

창업자들이 고수했던 원칙과 가치들은 오늘날 P&G가 사업 결정을 내리는 데 여전히 적용되고 있다. P&G 대학은 상급 관리자들의 경험과 생각을 차세대 관리자들에게 전수한다.

39

소비재 마케팅의 양성소

P&G는 직원 훈련에 광적이다. 회사의 미래가 교육훈련에 달려 있기 때문이다.

"최상의 훈련은 일하면서 이루어진다."라는 말은 P&G의 사훈이다. P&G는 직원들이 일상의 업무를 통해 지속적인 학습과 교육 경험을 쌓는다고 여긴다. P&G 관리자들은 항시적으로 필요할 때마다 부하 직원들에게 피드백을 제공한다.

또한 모든 부서에는 정규 교육 프로그램이 마련되어 있다. 예를 들어 보조 브랜드 관리자를 위한 '광고 기본 원칙' 세미나를 비롯하여 브랜드 관리자를 위한 '성공적인 이니셔티브 개발', '마케팅 관리자를 위한 '카테고리 시장 리더십' 세미나 등 모든 직급의 브랜드 관리자를 위한 필수 코스와 세미나가 있다. 보조 브랜드 관리자는 업무 시간의 10퍼센트를 필수 교육을 이수하는 데 할애한다. 이와 더불어 전 세계 모든 P&G 사무실에는 직원들이 상사와의 협의 하에 개인적 개발 필요와 연계된 교육 프로그램에 등록할 수 있도록 교육과정, 워크숍, 세미나 등에 관한 교육훈련 카탈로그가 비치되어 있다.

P&G 대학은 1992년 에드 알츠에 의해 시작된 교육 프로그램이다. 어느 날 문득 알츠와 동료들은 자신들 사고의 많은 부분이 초창기 경영진인 리처드 듀프리와 닐 맥엘로이, 하워드 모겐스로부터 매일매일 들었던 말들에 기반하고 있다는 사실을 깨달았다. 알츠와 동료들은 '지금 P&G에서 무엇이 제대로 되고 있고, 무엇이 제대로 안 되고 있는가?' 그리고 '이 회사가 어디로 가고 있는가'에 대해 이야기를 나누었다. 그리고 초창기 경영진들이 고수했던 원칙과 가치들이 사업에 관한 의사 결정을 내리는 데 여전히 적용되고 있다는 사실을 발견했다.

그러나 P&G는 과거의 P&G가 아니었다. 규모가 무척 커졌고 11층에 달하는 건물에서 직원들과 만나는 것 또한 옛날만큼 여의치 않았다. 더 중요한 것은 P&G가 세계적인 기업으로 성장했다는 사실이었다. 따라서 차세대 경영진은 신시내티가 아닌 유럽, 동북아시아, 남미 등에서 더 많은 시간을 보내게 될 것이다.

P&G 대학의 설립 목적은 상급 관리자들의 경험과 생각을 차세대 관리자들에게 전수하는 것이다. P&G 대학의 교수진은 이 회사의 회장과 최고경영진들로 구성된다.

신입 사원들은 입사 첫해에 P&G 대학에서 며칠을 보내야 한다. 우선 초보 관리자들을 위한 코스를 통과해야 하며, 승진할 때마다 각기 다른 수준의 교육을 받는다. 그것은 일종의 통과의례인 셈이다. 매년 전 지역에서 온 약 4,000명의 직원들이 이 대학에서 연수 과정을 거치고 있다.

40

연례 집회

매년 세계 각국에서 온 추장들이 그들 조상의 땅에서 하나가 된다.

매년 11월 첫째 주 P&G는 신시내티에서 일련의 모임을 개최한다. 총 275명에 달하는 세계 각처의 경영자들과 자회사 부서장들이 모임에 참가한다. 모임의 목적은 서로의 경험을 나누고, 성공 사례를 교환하며, 전략, 결과, 주요 이슈 등에 대한 정보를 알려주고, 회사의 목표 및 전략에 다시 연결되는 것이다. P&G의 한 관리자는 이 모임을 "성찬식에 참여하는 것"으로 묘사했다.

신시내티 도심의 콜리세움에서 개최되는 행사에서 이 모임의 열기가 최고조에 달한다. CEO와 COO에게 발언 기회가 주어지고, 세계 각처에서 온 고위 경영자들이 각자의 전망을 이야기한다. 신시내티 본사의 거의 모든 P&G 직원이 본 행사에 참여하고, 나머지 44개 지역에서 수천 명의 직원들이 인공위성 생중계로 이 장면을 지켜본다.

3부

P&G의 성공 경영

성공적이고 비전을 지닌 기업이란 자신의 핵심 가치를 그대로 유지한 채 시장의 변화에 적응할 수 있는 능력을 가진 기업을 말한다. 이들은 핵심을 그대로 유지하면서 끊임없이 발전을 자극하는 기업이다. P&G는 지금까지 바로 그것을 수행할 수 있는 자신의 능력을 입증해왔다.

| 핵심을 유지하라 |

돈, 건물, 브랜드 모두를 잃는다 해도 직원들이 그대로 남아 있다면, P&G는 10년 이내에 그 모든 것을 재건할 것이다.

41

원칙을 관철하라

경영자는 종종 단기적인 이익과 장기적인 이익 사이에서 어려운 선택을 해야 할 경우가 있는데,
이때 결정이 원칙에서 벗어난다면 결국에는 원칙이 손상을 입게 된다.

에드 하니스는 원칙을 관철하는 기술에 대해 다음과 같이 말했다.
"원칙과 일치하는 힘든 결정을 내리기 위해서는 두 가지, 즉 훈련된
정신에 의한 냉정한 사고와 회사의 입장에서 단기적인 희생이 필요
합니다."

1960년대 말 캐나다와 5대호 유역의 수질 오염 문제가 인산염을
사용한 세제 때문이라는 논쟁이 있었다. 5대호의 수질이 악화된 것
은 무분별하게 방치된 오물과 농업용 쓰레기, 비료 때문이었다. 그러
나 국제위원회가 수질 오염을 일으키는 원인 중 하나로 인산염을 지
목했다. 인산염은 누구나 쉽게 생각할 수 있는 오염원이었다. 만일
인산염이 주요 원인이라면 가정주부들이 인산염을 함유한 세제 사용
을 자제하고, 주 정부로 하여금 그 사용을 금지하게 하도록 압력을
행사할 가능성이 높았다.

몇몇 세제 제조업체들은 비인산염 제품을 출시해서 소비자들의 우

려를 기회로 이용하려고 했다. 하지만 이 제품들은 상대적으로 세척 효과가 떨어졌으며, 더 심각한 것은 고농도의 알칼리 성분과 부식 성분을 사용하고 있기 때문에 인체에 해를 입힐 수 있다는 사실이었다.

P&G는 성능이 떨어지는 해로운 제품을 가지고 소비자의 불안 심리를 역이용하기를 거부했다. 뉴욕과 인디애나 주, 그리고 시카고 같은 많은 도시에서 인산염을 함유한 세제 생산 금지법을 통과시키자 P&G는 시장에서 인산염 세제를 철수시켰다.

논쟁 과정에서, P&G는 인산염 세제가 수질 오염에서 차지하는 비중이 극히 미약하다는 점을 주장했다. 결국 하수 처리 시설이 확대되면서 5대호의 수질이 개선되었다. 그리고 위원회 측이 세제의 인산염 성분이 5대호의 전체인 성분 가운데 단지 2퍼센트를 차지한다는 결론을 내림으로써 사태는 진정 국면에 접어들었고 P&G 제품은 다시 시장에 출시되었다.

P&G는 판매에서 손실을 입었고 그 당시 경영진이 상당히 속상해했다. 하지만 P&G는 소비자에 대한 염려, 제품 품질, 그리고 '옳은 일을 하라' 라는 원칙을 고수했다.

42

직원을 존중하라

문화가 기업에 중요한 것과 마찬가지로 직원 또한 그러하다.
결국 사람 없이는 문화도 존재하기 힘들다.

"P&G는 곧 자신의 직원들이며, 그들이 신봉하는 핵심 가치다."

회사의 목적과 핵심 가치, 원칙을 설명하는 P&G 선언문에서 핵심 가치를 설명하는 페이지 상단에 적혀 있는 글귀다.

P&G 경영진은 이 글귀를 주문처럼 외운다. 연설, 기업 교서, 연례 보고서, 심지어 신제품 출시 등 기회가 있을 때마다 P&G는 품질, 사명감, 리더십, 혁신, 인내, 창조적 사고, 용기, 헌신, 열의, 성취에 대해 직원들에게 역설한다. 1947년 당시 P&G 사장 리처드 듀프리가 했던 연설 내용이 자주 인용된다.

"누가 우리에게 돈, 건물, 브랜드만 남겨 놓고 직원들을 데리고 떠난다면 이 회사는 망할 것입니다. 그러나 만약 누가 우리의 돈, 건물, 브랜드를 가지고 떠나지만 모든 직원을 그대로 남겨 둔다면 우리는 10년 이내에 모든 것을 재건할 수 있습니다."

P&G는 오랜 세월 동안 직원들에 대한 대우를 개선해 왔다. 1880년에 업계 최초로 주 5일 근무제를 실시했으며 이윤분배 제도를 도입하여 미국 산업계를 놀라게 했다. 물론 이러한 제도를 도입한 배경에는 경영진이 얻을 수 있는 이익이 숨어 있었다. 5일 근무제와 이익분배라는 혜택이 근무 효율을 향상시켜서 비용을 상쇄하고도 남을 것이라는 계산이 있었던 것이다. 그러나 최소한 그 당시 회사의 경영진은 직원들에게 동기를 부여할 자세가 되어 있었고 회사와 직원의 공동 이익에 관심을 가지고 있었다.

P&G 직원과 퇴직자들이 회사 주식의 약 25퍼센트를 소유하고 있다는 사실은 회사와 직원 간의 공동이익을 상징적으로 보여주는 것 이상의 의미를 지닌다. 주식 분배는 직원들이 회사의 건전한 경영에 관심을 갖게 만드는 진정한 의미의 인센티브다. 또한 최근 P&G는 직원들이 보다 많은 주식을 소유하도록 권장하고 있다. 많은 기업들이 최고 경영진에 대한 스톡옵션 제도를 실시하고 있는 데 반해, P&G는 모든 직원에게 스톡옵션 제도를 실시하고 있다. 1998년 5월 15일, 모든 직원이 향후 10년 이내 언제든지 100주의 P&G 주식을 그날 가격에 구입할 수 있는 옵션을 제공받았다. 이것은 단지 제스처로 끝나는 것이 아니며, 회사가 목표를 달성할 경우 직원들이 받는 스톡옵션의 가치는 10억 달러에 이르게 된다.

직원에 대한 배려

P&G는 자사 직원에 대한 관심을 여러 방식으로 나타낸다. 한 예로 전에 P&G에서 근무했던 팀 벤튼은 8개월 간 목발을 짚고 다녀야 할 정도로 심한 부상을 입은 적이 있었다. 그는 애틀랜타에서 특수한

수술을 받아야 하는 등 오랜 기간의 회복기가 필요했다. 그는 당시를 회상하며 이렇게 말한다.

"동료들과 회사는 이에 대해 매우 협조적이었습니다. 회사가 저에 대해 걱정했다고 생각하십니까? 저는 그랬다고 생각합니다. 그들이 취한 행동이 그것을 입증해주었으니까요."

가장 감동적인 일화 중 하나는 전직 브랜드 관리자인 캐슬린 캐롤이 들려주었다. 캐롤에게는 뉴욕 주 셔번에 사는 어머니와 세 명의 자매가 있었다. 그녀는 다음과 같이 말했다.

"어머니가 몹시 편찮으셨을 때 회사는 최선을 다해 저를 도와주려고 했고, 덕분에 저는 어머니와 함께 뉴욕에 있을 수 있었습니다. 회사는 정말 믿을 수 없을 만큼 저를 편안하게 해주었어요. P&G는 노리치에 공장을 갖고 있었는데, 그곳은 어머니가 사는 곳에서 20킬로미터 정도 떨어져 있었습니다. 회사에서는 신시내티 본사와 노리치 사이를 왕복하는 회사 비행기에 빈자리가 있으면 언제든지 이용하라고 했습니다. 상사도 이 사실을 알고는 저를 적극적으로 지원해 주었어요. 어려운 상황에서 허우적대고 있던 저에게 회사는 기꺼이 손을 내밀어 일으켜 세워주었습니다. 그 당시 어머니는 제가 회사를 그만두지 않았다는 사실을 알고 나서야 비로소 마음이 편안해지셨습니다. 이 일은 어머니보다 저에게 더 많은 것을 느끼게 했습니다. 지난달 저는 전혀 근무를 하지 못했습니다. 하지만 회사는 제게 계속 급여를 지불해 주었지요. 그들은 이런 식으로 저의 어려움을 덜어 주었습니다. 제 생각에 그것은 일종의 도덕과 같은 것이었어요. '우리는 스스로를 인도해 주는 가치를 갖고 있다'라는 말이 있습니다. 전 항상 P&G가 경이로운 직장이라는 생각을 가지고 살아갈 것입니다."

43

최고의 인재를 채용하라

최선의 최용이 최고의 직원을 만든다.

P&G는 내부 승진이라는 매우 엄격한 방침을 가지고 있기 때문에 효과적으로 인재를 채용할 수 있는 능력은 곧 생존의 문제와 직결된다. P&G는 차세대 경영자가 오늘의 신입 사원들 중에서 나올 것이라는 사실을 잘 알고 있다.

P&G는 인재 발굴에 전력을 기울이고 있고, 대학의 취업 부서 및 교수들과 긴밀한 관계를 유지하고 있다. 면접을 신청하지 않은 학생들을 포함하여 유능한 지원자들의 이력서를 꼼꼼하게 검토한다. 최고경영자들이 대학들에서 강연을 갖기도 하고, 모든 임원들이 자기 부서의 채용과 면접 과정에 참여한다.

P&G는 리더십과 문제해결 능력을 평가하는 테스트를 개발해왔다. P&G에서 성공한 임원들이 이 테스트에서 높은 점수를 받음으로써 테스트의 타당성은 입증되었다. 면접 과정은 분명한 목적을 가지고 진행되며 지원자의 행동을 평가한다. 리더십, 문제해결 능력, 우

선순위 설정, 독창성, 타인과의 협력 등을 평가하기 위해 지원자의 과거 경력과 실적이 하나하나 검토된다. 채용 결과는 최고 경영층에 보고되며, 채용 방법은 개선을 위해 지속적으로 평가받는다.

외부에서 인재를 충원하는 회사들은 유능한 경영자를 확보하기 위해 신입 사원 채용에 의존할 필요가 없다. 일부 회사들에서는 채용 절차를 완화하여, 중간 및 상위 관리자 직급의 경우 외부 인사의 채용과 퇴출이 매우 빈번하게 이루어진다.

44

훌륭한 코치가 되어라

상사는 지시하지만 코치는 일을 배울 수 있도록 도와 준다.

P&G는 인재 양성에 초점을 맞춰 왔으며, 책임자들이 부하 직원들과의 모든 상호작용을 코칭의 기회로 삼도록 권장하고 있다.

P&G에서 관리자로서 효과적인 업무수행은 두 가지, 즉 사업의 구축과 조직의 구축을 의미한다. 이 가운데 조직의 구축은 부하직원뿐만 아니라 자신의 능력 개발에 대해 책임을 지는 것으로 정의된다. 상사와 부하직원 모두 부하직원의 개발에 공동의 이해를 갖고 있으며, 상사의 역할은 직원들의 개발을 촉진하는 것이다.

이러한 프로세스를 위해 P&G가 세계 각처에서 사용하는 방법은 바로 업무 및 개발 계획 시스템(Work and Development Planning System)이다. 직원의 업무 및 개발 계획은 부서의 OGSM(목적, 목표, 전략, 정책)과 연계되어 있으며, 부서의 OGSM은 지역 및 회사 전체의 OGSM과 연계되어 있다.

업무 및 개발 계획은 네 가지 핵심 요소로 구성되어 있다.

- 전년도 계획 및 결과
- 미래의 성장과 발전을 위한 분야
- 단기 및 장기적인 경력에 관한 관심사
- 차기 연도를 위한 개발 및 훈련 계획

업무 및 개발 계획은 매년 검토되고, 발전과 우선순위의 변화를 반영할 필요가 있을 때 정기적으로 갱신된다. 직원 개발 프로그램을 담당하는 감독자는 점검 대상 직원과 직접 일해 본 경험을 가진 내외부 인사들의 의견을 수렴한다. 프로그램의 명칭에 나타나 있듯이 이 시스템은 평가 측면보다는 오히려 개발 측면에 주안점을 두고 있다. 그러나 업무 및 개발 계획과 관련된 당사자는 이 프로그램이 승진과 보수를 조정하는 기초가 되기 때문에 다르게 받아들일 수도 있다.

P&G는 업무 및 개발 계획의 공식적인 검토와 갱신 외에도, 감독자들이 비공식적이고 지속적인 코칭을 통해 프로그램을 보완하도록 권장하고 있다. 존 페퍼 회장은 사내 메시지를 통해 다음과 같은 지침을 내린 바 있다.

- 부하 직원들과의 모든 상호작용을 코칭 기회로 삼는다.
- 당면 과제를 처리하는 과정에서 세부 사항보다는 원칙을 가르친다.
- 실수에 대해 허심탄회하게 이야기하고 안전장치 역할을 한다.
- 회사 내에서 조언을 줄 수 있는 사람이나 업무상 필요한 기술의 모범이 될 수 있는 사람을 알려준다.
- 어떻게 하면 훌륭한 코치가 될 수 있는지에 대해 상사에게 물어본다.

45

모든 직원을 리더로 만들어라

조직의 하부로 책임과 의사결정권을 내려보내라.

"직원들이 지나치게 관리받고 있다고 느껴서는 안 된다."
- P&G 전 회장 존 스메일

P&G가 직원들에게 공장에서 적극적인 리더십을 발휘하도록 권한을 부여한 것은 매우 훌륭한 성공 사례다. 로버트 워터맨은 『미국이 올바로 하고 있는 것은 무엇인가?』라는 저서에서 P&G가 조직 하부에까지 리더십, 책임감 및 의사 결정권을 부여하는 데 있어 선구자적인 역할을 담당했다고 말했다.

데이브 스완슨은 이러한 P&G 시스템을 체계적으로 설계한 장본인이다. 스완슨은 대학에서 화학 석사 학위를 취득한 후 1950년대 초 P&G에 입사했다. 그는 MIT에서 공부할 당시 슬론 경영대학원의 더글라스 맥그레고 교수로부터 학문적 자극과 영감을 받았다. 맥그레고 교수는 명령과 통제 관리 이론을 비판하고 개개인이 자신의 능

144

력을 최대한 발휘하여 업무에 공헌할 수 있게 하는 이론을 신봉하는 사람이었다.

스완슨은 P&G에 입사한 지 약 8년이 되었을 무렵, 조지아 주 아우구스타에 설립하는 새로운 세제 공장의 디자인에 참여하게 되었을 때 그 이론을 시험해 볼 절호의 기회를 갖게 되었다. 그리고 그는 맥그레고 교수에게 도움을 요청했다.

매우 쉽고 제한 없이 원활한 의사소통이 이루어지도록 공정을 배치했다. 그들은 공장의 모든 근로자들이 새로운 기술과 업무 지식을 습득할 것을 강조하였다. 아우구스타 공장이 가능한 한 자율적으로 움직이도록 하는 것이 목표였다. 스완슨은 이렇게 말했다. "우리는 규정집을 없애고 원칙으로 명령을 대신하려고 애썼습니다. 그리고 무엇보다 우리는 책임감 있는 직원들을 원했습니다."

결국 스완슨과 맥그레고 교수는 원했던 목표를 성취했다. 공장의 생산성이 30퍼센트 가까이 증가했으며 이 시스템이 다른 P&G 공장으로까지 확대되었다.

오하이오 주 리마에 있는 P&G 공장에 대한 워터맨의 설명은 이 시스템이 어떻게 발전했는지를 잘 보여준다. 경영진은 실행되어야 할 것들에 초점을 맞춘다. 예를 들면, 신제품 출시에 걸리는 시간을 단축시키고, 월마트에 대한 대응서비스를 향상시키고, 보다 적극적으로 다양성을 관리하는 것 등을 들 수 있다. 이것이 어떻게 성취되는가는 현장근로자인 기술자들과 담당 팀에 달려 있었다. 그들이 경영진의 목표를 이해하지 못하거나 의견이 다를 때에는 솔직하게 그것을 말하도록 했다. 이 점이 중요한 사항이었다. 상황을 가까이서 접하고 있는 직원들은 경영자들이 미처 생각하지 못한 견해를 가지고 있기 마련이다. 목표는 수정될 수 있다. 비록 경영진이 목표를 수정하지 않는다 해도 최대한 직원들이 그 점에 대해 이해하고 공감할 수 있도록 했다.

보상 체계는 이 시스템의 또 다른 부분으로서, 직원들이 업무에 대해 책임감을 갖도록 촉진하는 역할을 한다. 이러한 P&G의 보상 체계는 스킬(skill)에 기반을 둔 보상 체계라고 불린다. 직원들은 지위와 연공서열이 아니라 그들이 알고 있는 것과 성취할 수 있는 것에 따라 보상을 받는다. 보상은 전적으로 급여로 지급된다. 뛰어난 개별적 업무수행에 대해서는 특별 수당이 주어지지 않는다. 다른 인정의 방식들도 존재하지만, 보상은 합당한 자격과 업무수행 능력과 연계되어 있다.

'Q 블록(qualification block)' 이라고 불리는 다섯 단계의 보상 체계가 있다. 기술자가 Q 블록의 다음 단계로 이동하려면 자신의 동료들에게 제조 공정과 공장 시스템에 대한 특정한 수준의 지식을 보여줄 수 있어야 한다. 후보자와 가장 밀접히 일 해온 사람, 이미 자격을 갖춘 또 다른 사람, 해당 공정의 관리자, 후보자가 선택한 자격을 갖춘 다른 사람, 그리고 후보자 자신으로 구성된 팀은 후보자가 다음 단계로 이동할 수 있는지에 대해 결정을 내린다.

리마 공장에 오기 전에 대형 강철 공장의 운영 관리자였던 한 엔지니어가 자신이 일했던 강철 공장에서는 엄격한 작업 기술서와 규범집에 의해 업무방식이 미리 정해져 있었다고 말했다. 그러나 P&G의 리마 공장에서는 공정을 움직이는 것은 규칙이 아닌 원칙이다. 때때로 P&G 방식이 훨씬 더 어렵게 느껴질 수 있다. 하지만 이것이 더욱 도전적이고 흥미진진하며 인간적이다.

46

업무를 꿰뚫어라

직원이 책임감과 리더십을 발휘할 수 있게 하라는 것은 관리자가 업무에서
손을 떼라는 의미가 아니다. P&G의 관리자들은 업무의 '엔진실'에서 많은 시간을 보낸다.
이는 그들이 '업무를 꿰뚫고 있다는 것'을 말한다.

에드 하니스는 P&G의 중요한 특성으로 "업무를 꿰뚫는 관리자의
능력(management by penetration)"를 강조했다. "우리는 모든 직급의
관리자가 부하 직원들의 업무를 잘 꿰뚫고 있기를 바랍니다."

회사의 최고 관리자들은 정기적으로 연구개발실과 생산 시설들을
방문하고 점포 점검을 나가며 소비자 표적집단 조사에 참여한다. 한
고위 관리자는 자신이 최소한 한 달에 두 시간 정도를 할애해서 제품
포장지에 인쇄된 수신자부담 전화번호로 걸려온 전화를 받으려 애쓴
다고 말했다. 이 고위 관리자는 브랜드 관리자만큼 특정 브랜드에 대
해 많이 알고 있지는 않지만 상황을 꿰뚫어 보는 예리한 질문을 던질
수는 있다.

P&G의 메모가 위와 같은 질문을 가능하게 해준다. 판매 및 시장
점유율 분석이나 시장조사 보고 같은 정기 보고를 통해 경영진이 지
속적으로 업무를 파악할 수 있도록 하고 있다. 정보 보고 외에 제안

보고가 곧바로 최고 경영진에게 전달된다. 최고 경영진은 여과 과정을 거쳐 요점 정리된 표제가 달린 메모를 통해 많은 양의 정보를 쉽게 소화할 수 있다.

이처럼 관리자들이 업무를 꿰뚫는 것이 갖는 효과는 두 가지이다. 첫째, 그것은 더 높은 직급으로 올라가면서 관리자들의 누적된 경험을 이끌어낸다. 하위 직급에서 내려진 의사결정이라 할지라도 상급 관리자들은 그 결정이 중요한 사안인 경우 그 논리적 근거에 대해 질문을 던지는 것을 주저하지 않는다. 둘째, 그것은 의사결정이 합리적이고 전략적인 근거에 따라 내려지도록 보장한다. "느낌이 좋다"는 이유만으로 새로운 광고 캠페인을 실시하자는 브랜드 관리자의 제안은 승인을 얻지 못한다. 논리적 근거가 있어야만 그러한 결정은 방어될 수 있다.

47

단순한 결과가 아닌 진정한 실적에 대해 보상하라

결과는 매우 중요하지만 그것이 성과를 평가하는 유일한 기준은 아니다.
P&G 관리자는 두 가지 기준, 즉 사업을 성장시키는 것과 직원을 성장시키는 것으로 평가받는다.
현실적이고 구체적인 목표치가 부여되고, 이를 기준으로 측정 가능한 결과에 따라 평가받는다.

목표는 현실적인 시간 프레임에 맞추어 조정된다. 가시적인 결과물을 얻기까지 3년이 걸릴 경우 평가기준을 조정한다. 그리고 통제할 수 없는 환경 및 외적 요소들을 고려해 준다. 목표치를 달성하지 못했을 경우 언제나 해당 직원이 징계를 받는 것은 아니다. 또한 설사 목표치를 달성했다고 해도 기회를 포착하지 못했을 경우에는 업무를 제대로 수행하지 못한 것으로 평가한다.

다른 기업들은 과정이 아닌 결과만을 중시한다. 예를 들어 콘아그라 사의 경우, 매년 정해진 엄격한 재무적 기준에 따라 관리자들에게 보상을 제공한다. 기준에 미달하는 관리자는 가차 없이 해고된다. 콘아그라 사의 냉동 식품부는 5년 사이에 네 명의 관리자가 교체되었다. 이 회사의 문화는 관리자에게 전권을 부여하며, 일상 업무 수행에 있어 단기적이고, 기회주의적인 수단, 그리고 '기회가 포착되면 잽싸게 달려드는' 접근방식을 권장한다. P&G 문화와는 달리, 그곳에는 행동의 장기적인 효과를 고려하고, 고위 경영진의 이해와 참여를 구하고, 다른 부서의 협력을 이끌어내며, 그리고 옳은 일을 하도록 유도하는 인센티브가 없다.

48

승계 계획을 철저히 세워둬라

경영자의 자리를 물려받을 자격 있는 인재들의 명단을 유지하고 지속적으로 재검토하라.
그리고 융통성을 가져라. 반드시 공식적이고 장기적인 승계 계획이 필요한 것은 아니다.

P&G 관리자들은 끊임없이 직원들의 업무수행과 경력 개발에 대
해 논의한다. P&G에서는 관리자들이 지점이나 공장을 방문할 때 맨
먼저 직원들에 대해 물어 보고, 두 번째로 업무에 대해 물어 보도록
되어 있다. 회장과 30여 명의 주요 임원들은 매주 임원회의를 열어
인사 및 사업 문제를 검토한다. P&G는 승진할 자격을 갖춘 인재들
을 충분히 확보하기 위해 항상 최선을 다한다. 내부 승진이 성공적으
로 자리를 잡으려면 이와 같은 제도는 필수적이다.

P&G는 조직 내부에서 가장 유능한 사람들을 발굴하여 빈자리를
채우는 한편, 개인적 발전이 최대한 이루어질 수 있는 자리에 직원들
을 배치하고자 노력한다. 하지만 가끔 직원들에게 그들이 선택하거
나 원하지 않을 부서로 이동할 것을 요구하기도 한다. 그 점에 대해
에드 알츠는 다음과 같은 이야기를 들려주었다.

"우리는 종종 탁월한 사람들을 뱀 구덩이 속에 던져 넣기도 합니

다. 중요한 것은 해당 직원으로 하여금 그러한 인사이동이 자신들에게 가장 이익이 된다는 점을 알게 하는 것입니다. 사람은 누구나 도전과 시련을 딛고 성장해야 합니다. 혹독한 업무를 받아들이기 위해서는 직원들이 회사에 대한 믿음과 신뢰를 갖고 있어야 합니다. 우리는 지키지도 못할 약속은 절대로 하지 않습니다. 또한 우리는 선택의 여지와 가능성을 계속해서 열어 놓으려고 애씁니다. 처음에 의도했던 것보다 못한 위치에 직원을 배치해야 될 수도 있습니다. 당사자가 이것을 받아들이기 위해서는 회사와 상사에 대한 신뢰가 필수적입니다. 궁극적으로는 그에 대한 응분의 대가가 주어져야 하겠지요."

| 발전을 자극하라 |

새로운 아이디어를 장려하는 조직으로 만들어라. 상자 밖을 생
각하지 말고 아예 상자 자체를 바꿔라. 그리고 시대에 맞는 경영
자를 선발하라.

49

새로운 아이디어를 창출할
조직을 만들어라

당장 가시적인 효과가 없는 아이디어는 공격당하거나 사장되기 쉽다.
새로운 아이디어가 살아남기 위해서는 조직 내부에서 아이디어를 창출하고 생명을 불어넣는
챔피언이 필요하다. P&G는 점진적 혁신을 뛰어넘는 새로운 아이디어의 챔피언들을 격려해 왔다.

성숙 시장에서 기존 브랜드들의 점진적 혁신과 성장만으로 매출을
획기적으로 증대시키기는 쉽지 않다. 전 세계 저개발 시장으로 브랜
드를 확장하는 것도 도움을 줄 수는 있지만, 그것만으로는 목표를 달
성할 수 없다. 10억 달러 이상의 매출을 올릴 수 있는 새로운 대형 브
랜드를 개발해야 한다.

혁신 리더십 팀

P&G는 이러한 문제를 해결하기 위해 혁신 리더십 팀이라고 불리
는 프로그램을 제도화했다. 회장, 연구개발 책임자, 다섯 명의 최고
임원들로 구성되는 혁신 리더십 팀은 제품 아이디어나 기술을 개발
하려고 하는 팀들에게 종자돈을 제공한다. 그러나 이러한 아이디어
들은 구체적인 비전을 가지고 있어야 한다. 단지 챔피언의 열정만으
로 아이디어를 현실화하기는 힘들기 때문이다. 종자돈을 받는 팀은

아이디어 및 시장 잠재력을 분명하게 제시하고 테스트 계획을 수립해야 한다. 혁신 리더십 팀은 1년에 6~8회 가량 만나 개발 초기 단계에 있는 아이디어들에 2,500만 달러를 지원하고, 앞서 승인한 30여 개의 프로젝트들에 대한 점검을 순차적으로 실시한다.

각 사업 부문 벤처 그룹

혁신 리더십 팀 프로그램을 보완하기 위해 각 사업 부문 내에 새로운 벤처 그룹들이 만들어졌다. 벤처 그룹이 개발한 아이디어를 제품화할 준비가 되면 아이디어는 사업의 주체가 되는 브랜드 팀으로 넘어간다. 벤처 그룹들에서는 섬유와 카펫의 악취를 제거하는 페브리즈(Febreze), 가정용 건조기에서 의류를 건조시키는 드라이얼(Dryel) 등을 포함해서 최소 다섯 개의 프로젝트를 개발했는데, 이 프로젝트 제품들은 모두 사업 부서로 이관되었다.

그러나 사업 부문 벤처 그룹은 기업 차원의 벤처 그룹과 달리 특정 사업 부문의 한정된 경험과 자원으로 인해 제약을 받는다. 해당 사업 부문과 관련 없는 소비자의 니즈를 찾아내고 평가해 보는 것은 사업 부문 벤처 그룹에서는 허용되지 않는다. 그래서 기업 차원의 벤처 그룹이 만들어졌다.

기업 차원의 벤처 그룹

기업 차원의 벤처 그룹은 부서를 초월하여 연구개발, 브랜드 관리, 연구, 재무, 제품 공급 등을 담당했던 다양한 직원들로 이루어져 있다. 이 그룹은 사장에게 직접 보고하며, 해당 사업 부문의 모든 기술 및 자원을 활용할 수 있는 특별한 권리를 갖는다.

이들에게는 창의적인 사고, 지식 분야들 간의 타가수정(cross-fertilization), 그리고 구성원 간 열린 커뮤니케이션이 필수적이다. 이들은 문도 없고 벽도 거의 없는 사무실을 사용한다. 구성원들을 위해 소파가 제공되며 커피 메이커, 음료수 및 도넛 등을 구비한 라운지가 마련되어 있다. 이들은 휴식 시간 동안 서로 자유롭게 아이디어를 교환하며, 사내 손님에게도 비공식적인 교류에 참여하도록 권장한다.

이런 분위기가 기업 차원의 벤처 그룹에서만 볼 수 있는 특이하고 비공식적인 것은 아니다. 이는 지극히 P&G다운 스타일이다. 기업 차원 벤처 그룹의 목표는 가능한 한 과학적이고 효율적인 방식으로 혁신의 프로세스를 만들어내는 것이다. 이들은 회사 내부에 축적된 지식과 기술을 체계적으로 점토하고, 소비자 통계, 기술, 사회 및 산업계의 동향을 탐색하고, 이러한 다양한 동향들이 어떻게 새로운 시장을 창출할 수 있는가를 이해하려고 노력한다. 이들은 '유레카' 나 '우연히 생겨났다' 식의 혁신 모델을 거부한다. 이들은 P&G가 가진 거대한 자원을 일종의 금광으로 간주한다. 기업 차원 벤처 그룹의 구성원들이 하는 일은 가치 있는 소량의 보석을 찾기 위해 수 톤의 정보들을 파헤치는 것이다.

P&G는 기업 차원의 벤처 그룹이 새로운 범주의 혁신을 창출하는 데 적합한 메커니즘이라고 확신하고 있다. 더머케어 히트랩 (ThermaCare HeatWraps)이라는 제품은 이와 같은 새로운 범주의 혁신을 보여 주는 좋은 예다. 위스콘신 주의 오클레어와 텍사스 주 미드랜드의 시험 시장에 출시된 더머케어 히트랩은 근육과 관절의 통증을 완화시키기 위해 고안된 탈착식 치료제다. 이전에 그 어떤 제품도 이와 유사한 제품은 없었다.

상자 밖을 생각하지 말고 상자 자체를 바꿔라

상자 밖을 생각한다는 것은 기존 패러다임 밖에서 생각하거나 행동하는 것을 의미한다.
기존 패러다임이 더 이상 효과가 없다면 그것을 바꿔야 한다.

존 우든(John Wooden)은 대학농구 사상 가장 위대한 코치라고 할수 있다. 물론 위대한 선수이기도 했다. 그러나 다른 많은 코치들 역시 선수 시절에 그 정도는 했다. 대부분의 코치는 자신만의 한 가지 방식을 갖고 있고 선수들이 자신의 스타일에 맞추기를 원한다. 선수들은 코치의 상자에 맞춰진다. 그러나 우든은 새로운 선수들을 맞이할 때마다 경기 운영 방식을 완전히 바꾸곤 했다. 그는 자기 선수들의 강점과 상대 선수들의 약점을 평가하고 자기 선수들의 장점을 최대한 살려 경기를 운영했다. 그는 계속해서 상자를 바꿨다.

P&G는 시기하는 사람들의 비판을 받아 왔으며, 심지어 몇몇 지지자들조차도 이 회사는 신념과 업무 절차가 너무 조직적이고 엄격해서 사고를 전환할 능력이 없다고 비판하기도 한다. 다시 말해 기존 상자 밖을 생각할 능력이 없다는 것이다. 그들은 P&G가 시장 환경에 맞춰 유연하게 대처하거나, 새롭고 독창적인 방식으로 여러 문제

들과 기회에 접근하는 것을 어려워 한다고 말한다.

P&G가 지금까지 반복해 온 신념과 절차들로부터 벗어나기가 쉽지 않다는 것은 사실이다. 하지만 환경의 변화만큼은 치밀하게 파악한다. 과거의 방식이 제대로 작동하지 않을 경우 P&G는 한 걸음 뒤로 물러서 다른 시각에서 그것을 재평가하고, 필요하다면 상자를 바꾼다.

전직 P&G 직원인 크리스 바첼더는 이런 특성을 다음과 같이 표현하였다. "P&G는 분명한 패러다임, 즉 상자를 갖는 것이 가치 있다는 사실을 압니다. 그리고 경험적으로 입증된 원칙들을 적용합니다. P&G는 효과적으로 일할 수 있는 경험의 기반과 사고 구조를 구성원들에게 제공합니다. 경험의 기반과 시장의 조건이 변화하면, P&G에서는 많은 사람들이 참여하여 상자를 바꿉니다. 그리고 모든 사람이 이 새로운 상자에 대해 알게 합니다."

P&G는 매우 의미심장한 방식으로 상자를 바꿔 왔던 것이다.

소매상을 적에서 동맹자로 전환시키기

P&G는 식료품 분야의 지배적 브랜드들을 갖고 있기 때문에 소매상과의 거래에서 막강한 영향력을 행사해 왔다. P&G의 영업사원들은 소비자 선호도 조사, 시장 점유율, 다른 시장의 조사 결과 등과 같은 구체적인 데이터를 가지고 소매상이 어떤 제품을 재고로 비축해야 하고 P&G 제품을 위해 진열대 공간을 얼마나 할애해야 하는지를 요구할 정도였다. 소매상이 P&G 제품의 할인이나 판매 수당을 제의하면 도리어 영업사원들은 소매상이 P&G 제품을 얼마나 주문해야 하는지, 어느 정도 할인된 비용으로 소매점 광고를 해줘야 하는지, 어떻게 제품이 진열되어야 하는지 등을 제시하기도 했다.

많은 소매상들은 이런 P&G의 태도에 대해 그다지 개의치 않았다. 소매상들은 최대한 많은 고객을 끌어들이기 위해 대형 브랜드들에 대한 할인 프로모션을 해야만 했다. 그리고 P&G의 브랜드들이 인기 있는 대형 브랜드였기 때문에, P&G 영업사원들은 소매상으로부터 경쟁 브랜드보다 더 많은 진열 공간과 더 낮은 판매가를 얻어내는 데 어려움이 없었다. 하지만 그들은 저항에 부딪힐 때까지 소매상을 밀어붙였다. 사실 소매상으로부터 거절 당하는 것은 모든 신입 영업사원들이 맨 처음 겪는 일종의 통과 의례였다. 거절을 당해 본 경험이 없다는 것은 한 번도 제대로 밀어붙여 본 적이 없다는 것을 뜻했다.

그러나 그 뒤로 소매 업계에 많은 변화가 있었다. 합병을 통해 대규모 소매상이 생기면서 소매상의 힘이 커지게 되었다. UPC 바코드와 전자 스캐너가 등장해서 어떤 제품이 잘 팔리고 안 팔리는지를 소매상들이 즉시 알 수 있게 되었고, 그 결과 영업사원이 제시한 정보가 오래되고 적절하지 않다는 것이 밝혀졌다. 월마트와 같은 대규모 유통 업체가 등장해서 제조업체들에게 기존의 거래 방식을 바꿀 것을 요구하기 시작했다.

코스트코와 페이스 같은 멤버십 창고업체들이 막대한 규모의 물량을 매일 낮은 가격으로 공급하기 시작했다. 이 업체들은 모든 제품을 비축하지 않고, 그날그날 가장 좋은 가격을 제시하는 브랜드만 구매했다.

P&G는 이러한 변화된 유통 환경에 대응하기 위해 자신의 판매 조직을 재조직했다. 예전에는 다섯 개 사업부별로 나뉘어져 각자 소매상들을 상대해야 했던 판매 조직을 소매상별로 재조직한 것이다. 이제 주요 소매상들은 자신만을 전적으로 상대하는 P&G 팀을 갖게 되었다. 이들은 다섯 개의 사업부뿐만 아니라 마케팅, 물류, 재무, 기술

부문까지 대표했다. 고객사업 개발 팀이라고 불리는 이 팀들은 소매 점포가 위치한 도심에 상주하면서 소매상 조직의 담당자와 함께 일한다. P&G는 월마트와 제품 보급 자동화 시스템을 업계 최초로 구축했는데, 이 시스템은 소매상 재고를 상당 부분 감소시켰고, 제품이 계산대에서 계산됨과 동시에 공장에서 직접 소매점으로 재보충이 이루어지도록 했다.

소매상과의 관계에서 상대를 협박하거나 강요하는 방식은 더 이상 적절하지 않다. 이제 목표는 P&G와 소매상 모두를 위한 사업을 구축하는 것이다. 다른 소매상들도 이 보충 시스템을 채택했고 경쟁사들이 그 뒤를 따랐다.

판촉 활동 폐지

그 뒤 P&G는 비용을 절감하고 대형 소매업체의 가격 전략과 보조를 맞추기 위해 1991년 말 사실상의 판촉 활동 폐지와 상시 저가 정책을 발표함으로써 업계를 놀라게 했다. P&G는 가격 하락분을 판촉 활동 폐지 및 생산성 증가를 통한 비용 절감으로 메울 수 있었다. P&G는 판촉으로 인한 생산량의 급격한 변동을 제거함으로써 생산성 효율을 55퍼센트에서 80퍼센트로 끌어올렸다.

다각화에서 단순화로

P&G는 하나의 제품 범주 내에서 다양한 맛, 크기 및 포장을 가진 브랜드들을 마케팅해왔다. 최근까지 크레스트 치약 라인만 해도 52가지의 버전이 있었다. P&G의 경쟁사 역시 많은 수의 크기와 모양을 가진 브랜드들을 시장에 내놓았다. 이것이 시장에서 게임이 진행되는 방식이었다.

P&G는 특히 그 게임에 강했다. 이는 P&G가 가진 또 다른 경쟁 이점이기도 했다. 예를 들어, P&G가 새로운 브랜드를 출시하거나 라인 확장을 할 때 신제품에 대한 소매상들의 거부 반응이 다른 업체에 비해 덜한 편이었다. 소매상들은 P&G 제품이 소비자의 호응을 불러일으킨다는 점을 잘 알고 있었다. P&G의 영업 사원들은 전국의 식료품점과 약국을 돌며 진열대를 P&G 제품들로 채우도록 독려했다.

하지만 1990년대 초 걷잡을 수 없을 정도로 제품 품목이 늘어났다. 1996년까지 미국의 식료품점에 평균적으로 대략 3만 1,000개의 재고 품목이 있었으며, 이는 5년 전보다 무려 35퍼센트가 증가한 수치였다. 따라서 매장들은 팔려 나가지도 않는 재고 품목으로 인해 진열장이 터질 지경이었다. 쿠르트 살몬 협회의 조사에 따르면, 슈퍼마켓에 진열된 상품 가운데 4분의 1이 한 달에 한 개도 팔리지 않는 것으로 나타났다. 몇몇 상품들이 판매의 대부분을 차지했다. 페인 웨버사의 분석가 앤드루 쇼는 모든 개인 용품과 가정 용품 중 단 8퍼센트가 판매량의 85퍼센트 가량을 차지한다고 보고 있다.

대형 소매상들은 이러한 경향을 간과하지 않았다. 힘이 강해진 소매상들이 판매가 저조한 브랜드들과 종류가 많은 브랜드들을 진열장에서 밀어내기 시작했다. 실시간 자동화 시스템 때문에 제조업자와 소매상의 관계에서 소매상이 통제력을 갖게 된 것이다.

다각화 전략은 P&G에게 더 이상 경쟁 이점을 주지 못했다. 게다가 판매량이 작은 품목을 생산하는 것은 비효율적이었다. 그것은 3~4퍼센트 정도의 제품 비용을 추가시키는 것으로 추정되었다.

따라서 상자 자체를 바꾸어야만 했다. P&G는 1993년 재고 품목의 수를 줄이고 판매량이 적은 브랜드를 더 이상 생산하지 않겠다고 발표했다. 이는 자사에 경쟁 우위를 주었던 게임 규칙을 스스로 바꾸는 것이었다. 이 조치에 대해 업계는 놀라움을 금치 못했다.

P&G는 미국 내 수백 개 브랜드들의 가짓수를 15~25퍼센트 정도 축소시켰다. 머리 손질 용품의 경우는 거의 3분의 1 가까이 대폭 축소시켰다. 처음에는 단종 품목의 재고가 없어서 매출에 손실이 있었다. 그러나 사람들의 우려에도 불구하고 전반적인 매출액은 줄어들지 않고 오히려 늘어났다. 다른 소비재 기업들도 이를 따라하기 시작했다. P&G가 산업의 상자를 바꿔놓은 것이다.

조직에 대한 사고의 전환

하지만 P&G의 문제는 심각해져 갔다. 1980년대 들어서 회사의 성장률이 급격히 떨어지기 시작한 것이다. 에드 알츠의 말대로, 판촉 활동 폐지와 품목 단일화 전략이 더 근본적인 문제로 인한 증상에 불을 붙인 것이었다. 여전히 생산 원가가 너무 높았고, 미국 내 P&G 고객들은 유통업자 자체 브랜드나 저가 브랜드에 지불하는 것보다 P&G 브랜드에 연간 725달러를 더 지불하고 있었다. 대다수 P&G 브랜드의 매출액과 시장 점유율이 감소했는데, 이는 마치 소비자들이 P&G 제품의 가격이 중산층 수준에서 너무 비싸다는 신호를 보내는 것처럼 보였다.

더욱이 시장에서 더 발 빠르게 움직이는 주요 경쟁자들을 따라 잡지 못하고 있었다. 1980년대 말 불기 시작한 인수합병의 바람 속에서 P&G마저 그 대상이 될 수 있다는 우려가 현실화되는 듯싶었다. 회사는 경영 성과를 향상시켜야만 했다.

이때 글로벌 효과성 강화(Strengthening Global Effectiveness)라고 불리는 프로그램이 실행되었다. 모두 11개 팀들이 기업의 구석구석을 점검했다. 이 팀들은 중복된 업무를 없애고, 업무 절차를 능률화하고, 소비자들에게 직접적인 이익을 주지 못하는 비용을 줄이기 위해 무려 150가지에 달하는 권고안을 제시했다.

고통스러운 구조 조정이 시작되었다. 전 세계 147개에 달하는 P&G 공장 가운데 30개가 문을 닫았다. 근로자의 12퍼센트가 감축되었으며 관리 계층을 축소하여 업무 절차를 단순화시켰다. 그 결과 미국 내 거의 모든 P&G 제품 가격이 12~24퍼센트 가까이 인하될 수 있었다. 미국 내에서는 물론 미국 밖에서도 수익성이 개선되기 시작했다.

업무 절차를 점검하고 기업 자체를 리엔지니어링하는 데 있어 P&G의 능력은 탁월했다. 강력한 문화와 뿌리 깊은 습관 때문에 대부분의 성공한 기업들은 새로운 변화를 싫어하고 저항하기 마련이다. 그러나 P&G는 장기적이고 전략적인 접근 방식과 시장에서 이기는 데 필요한 것이라면 무엇이든지 한다는 태도를 갖고 있었기 때문에 변화를 위한 과감한 결단을 내릴 수 있었다. 대대적인 인원 감축을 통해 다운사이징을 감행함으로써 소비자들은 강화된 제품 가치를, 주주들은 향상된 매출과 수익성이라는 혜택을 누릴 수 있게 되었다. 그리고 기업의 안정성이 다시 확립되었다.

51

시대에 맞는 경영 스타일이 있다

시대에 따라 기업의 필요도 달라진다.
어떤 관리자는 다른 관리자보다 특정한 과제에 더 적합하다.

P&G는 1970년대 말부터 1980년대까지 순수익, 자본 회수율, 주가 측면에서 큰 성장을 보이지 못했다. 거기에는 사업의 기초적인 건전성과는 직접적인 연관이 없는 몇 가지 단기적인 이유가 있었다. P&G는 릴라이 탐폰의 퇴출, 대규모 자본이 투자된 1회용 기저귀 생산공장 건설, 리처드슨 빅스와 노르위치 이튼 제약사 인수 등으로 분주했다. 그러나 P&G의 핵심 사업은 계속 침체의 늪을 벗어나지 못하면서 회사의 미래가 불투명해 보였다.

1990년 존 스메일 회장의 후계 문제가 대두되었고, 관례에 따라 존 페퍼가 물망에 올랐다. 서열상 차기 회장직에는 당시 사장직에 있던 페퍼가 적임자로 떠올랐다. 그는 매우 짧은 기간에 경영진에 합류한 인물로서 동료들과 부하 직원들로부터 존경과 사랑을 한 몸에 받고 있었다.

그러나 에드 알츠가 차기 회장으로 정해지자 많은 사람들은 놀라움을 금치 못했다. 페퍼는 알츠의 자리를 물려받아 P&G 인터내셔널 사장에 취임했다. 몇몇 사람들은 스메일과 이사회가 페퍼는 당시 51세의 젊은 나이여서 후에 회장이 될 기회가 있고, 글로벌 시장에 대한 안목을 좀더 기를 필요가 있다고 판단했기 때문에 그와 같은 결정을 내렸다고 추측했다.

혹은 어쩌면 알츠가 당시 여건에 적합한 경영자였기 때문에 그를 선택한 것일 수도 있다. 하지만 알츠는 스스로 자신을 정의한 바와 같이 구조대와 같은 인물이었다. 그는 "일이 제대로 돌아가지 않으면 허물어버리고 다시 세운다"라고 공공연히 말했다. 이것은 엄밀한 의미에서 P&G의 경영 스타일과 거리가 먼 것이었다.

알츠는 회사 내에서 급진적인 변화를 추구한 경험을 갖고 있었다. 그는 1960년대 중반 여러 번의 실패를 거듭한 끝에 종이 사업부를 성장 궤도에 올려놓은 적이 있다. 그 다음엔 식품 사업부를 본궤도에 올려놓는 임무가 주어졌으며, 1970년에는 커피 사업부로 자리를 옮겼다. 그는 비난을 무릅쓰고 수뇌부를 경질했으며 직원들을 재배치시켰다. 그 후 그에게는 '어둠의 왕자'라는 별명이 따라 다녔다. 그는 단호한 성격의 소유자로 상대방의 말을 귀담아듣지 않는 독재자였다. 임원들은 그의 행동이 과도하다는 평가를 했으나 아무도 감히 그와 맞서려고 하는 사람이 없었다. 그는 기업 문화가 손상되는 것에 개의치 않고 자신에게 주어진 일, 즉 급격한 변화를 이루어내는 일이라면 무엇이든지 밀어붙였다.

1972년 그는 P&G 이사회의 이사로 임명되었고, 몇 년 후 유럽 사업을 책임지게 되었다. 그 당시 해외 보직은 최고 경영진으로 진출하는 주요 보직으로 인정받지 못했다. 반면 회사는 해외 시장의 장기적인 중요성을 인식하기 시작했고, 그것이 유럽에서 문제가 되었다. 유럽의 관리자들은 변화를 꺼렸다. 급진적 변혁을 일으킬 만한 관리자가 필요했다.

알츠는 유럽에서의 사업운영을 재편했다. 그는 관리자들이 자신의 담당 국가에 대해서 뿐만 아니라 제품 카테고리 및 지역에 대해서도 책임을 분담하도록 하는 매트릭스 관리 체제를 도입했다. 그는 운영 체제를 하나로 통합하였고 공장을 폐쇄시켰다. 영국에서는 13퍼센트의 근로자를 해고했으며, 〈포춘〉 지가 항상 무뚝뚝하고 퉁명스럽다고 묘사한 두르크 야거 같은 자기 취향에 맞는 젊은 관리자들을 발굴했다. 아무튼 알츠는 1984년, P&G 인터내셔널 사장직에 취임하였고, 회사를 진정한 다국적 기업으로 전환시킨 것에 대해 신임을 받았다.

1990년 P&G의 내수 부문이 침체의 늪을 벗어나지 못하자 알츠는 CEO로 선임되었고 회사의 구조조정을 선언했다. 그는 회사에서 인기가 없었다. 몇몇 임원들이 사표를 던졌고, 일반 직원들도 심한 동요를 보였다.

알츠가 〈월스트리트 저널〉 기자에게 정보를 제공한 내부인을 색출하기 위해 P&G의 영향력을 사용하였을 때, 그는 선을 넘어서고 말았다. 그것은 회사의 행동규약에 대한 위반이었다. 알츠는 그에 대해 유감을 표명했고, 재기 불능의 상태에 빠졌다.

알츠는 당시 미국 사업운영을 맡고 있던 두르크 야거를 자신의 후계자로 밀었지만 이사회는 페퍼를 선택했다. 페퍼는 모두의 동의를 이끌어낼 뿐만 아니라 갈등을 치유하는 능력을 갖추고 있었다. 그의 시대가 온 것이다.

4부

P&G의 글로벌 경영

글로벌 차원에서 사업을 발전시키는 것은 P&G의 전략적 목표이다. 최고 경영진이 글로벌한 시각을 갖게 되면서, 브랜드와 기술을 개발하고 확산시키는 전략도 글로벌화되어 왔다. P&G가 경영 구조를 재편성하고 자신의 브랜드와 기술을 세계화하기로 한 것은 세계 시장에 적응하기 위한 장기적이고 전략적인 접근을 반영한다. 그러나 P&G의 핵심 가치는 변하지 않았다.

| 글로벌하게 사고하라 |

P&G는 1970년대 말부터 브랜드와 기술을 초국가적 차원에서 활용하는 것에 대해 생각하기 시작했다. 그로부터 10년 후 P&G는 세계화의 선두 주자가 되었다.

52

세계가 좁아지는 것을
기회로 활용하라

**세상은 점점 좁아지고 있고 인간의 기본적인 필요를 충족시킬
탁월한 해결책에 대한 요구는 더욱더 커지고 있다.**

전 세계적으로 자본주의가 확산되면서 기업에 대한 시장의 문호가
한층 더 넓어지고 있다. 무역 장벽이 허물어지고 있으며 커뮤니케이
션 기술의 발달로 다양한 사람들이 한데 어울리고 있다. 개발도상국
국민들은 선진국 사람들이 어떻게 살아가는지를 알고 있으며, 그들
의 생활수준도 점차 개선되고 있다. 그들은 나이키 운동화를 신고,
코카콜라를 마시며, 선진국의 최고 제품들을 사용하길 원한다.

P&G는 자사 제품을 통해 이러한 세계인의 필요를 충족시킬 수 있
는 기회를 맞이하고 있다. 세계 각지의 사람들은 자신들의 의복, 접
시, 머리카락, 신체 및 치아를 위한 세척 용품을 필요로 한다. 기저
귀, 생리대 및 화장지 등에 대한 요구도 마찬가지다.

53

세계적인 브랜드를 개발하라

세계적인 브랜드로 전 세계 소비자들의 욕구를 충족시킬 기회를 잡아라.

사실상 P&G는 1970년대 중반까지 글로벌 차원에서 사고하지 않았다. P&G의 거의 모든 국제적 사업은 미국 브랜드를 다른 나라에 그대로 옮겨오거나 현지 자회사를 통해 지역 브랜드를 만드는 게 전부였다. P&G는 1970년대 말 유럽 시장에서 자사 브랜드와 기술을 다국적 차원에서 활용하는 것에 대해 생각하기 시작했다. 이는 대단한 발상의 전환이었으며, 약 10년 후 P&G가 세계화의 선두 주자로 우뚝 서는 계기가 되었다. 글로벌 브랜드를 만들어내기 위해서는 국경을 넘어 기업을 경영하는 방식에 있어 변화가 필요했다.

P&G의 유럽 자회사는 세계 다른 지역과 마찬가지로 미국 본사의 경영 방식을 그대로 따라했다. 각 자회사는 판매량과 수익성에 의해 평가받았으며, 자국 내에서 언제, 어떤 제품을 시장에 내놓을 것인지에 대해 상당한 재량권을 가지고 있었다. 자회사에게 재량권을 주는 것은 각 지역의 소비자 선호도와 시장조건이 차별적이기 때문이었

다. 예를 들어, 합성 세제의 경우 국가마다 수질, 세탁기 종류, 합성 원료에 대한 규제, 소비자 습관 등에서 차이가 있었다. 그 결과 P&G의 에리얼 세제는 유럽 전역에서 아홉 가지의 각기 다른 제품으로 판매되었다. 그것은 저온 혹은 고온에서 사용할 수 있는지, 거품이 많이 혹은 적게 나는지 등에 따라 국가별로 다양하게 포지션되었다.

그러나 1970년대 말, 국가들 간 차이의 중요성이 과장되었다는 사실이 명백해졌다. 세탁기 종류, 수질, 소비자 습관 등에서 차이가 있었지만, 아홉 가지 제품을 내놓아야 할 정도는 아니었다.

또한 자회사에 재량권을 부여하는 것이 문제를 초래한다는 사실이 명백해졌다. 무엇보다, 특정 국가에서 거둔 성공을 다른 국가에 적용하는 것이 경쟁사로 인해 물거품이 될 수 있었다. 예를 들어, 팸퍼스 기저귀는 독일에서 1973년 시판되었으나 프랑스에서는 전혀 출시할 생각을 하지 않았다. 그런데 콜게이트 사가 독일에서 벌어지고 있는 일을 지켜보다가 팸퍼스와 유사한 색상의 포장, 제품 포지셔닝, 마케팅 전략을 가지고 콜린(Calline)을 출시했고 프랑스 시장을 장악하는 데 성공했다.

또한 자회사가 많은 재량권을 갖는 경우 효율성이 떨어졌다. 각 자회사들이 연구개발, 브랜드 개발, 마케팅 및 관리에 중복 투자함으로써 파생된 간접 비용이 미국에서 보다 50퍼센트가 높았다. 1970년대 중반 시장 성장이 멈췄고 오일 쇼크로 인해 생산비가 증가했으며 업체 간 경쟁이 치열해지면서 P&G의 수익성과 판매 성장은 심각한 타격을 입게 되었다. 무엇인가 대책을 세워야만 했다.

브랜드의 유럽화와 새로운 관리 패러다임

유럽 연구개발 부문 관리자인 와히브 자키는 1970년대 말 연구개발 조직을 위한 해결책을 고안했는데, 이는 유럽, 더 나아가 세계적 차원에서의 기업 운영을 위한 패러다임을 제공했다. 자키는 제품 개발에 대한 장기적이고 유럽적인 접근 방법을 정의하고자 했다. 그는 유럽의 모든 연구개발 자원을 핵심 브랜드들에 집중시키고, 기존의 지역 제품보다 우수한 범유럽 제품을 개발하기로 결정했다.

이를 위해 그는 다수의 시장에서 성공 가능성이 있는 제품 및 기술 개발에 전념할 기술 팀을 창설했다. 브뤼셀 유러피언 테크니컬 센터의 연구원들은 기초 기술 개발에 집중하고, 자회사의 기술자들은 제품을 테스트하고 개량하는 책임을 맡았다. 각각의 주요 제품에 대해 주도적인 역할을 담당할 국가를 지정함으로써 개발 과정에 대한 보다 많은 책임과 주인의식을 현지 자회사들에게 부여하고 그들간의 지속적인 조율과 협력이 이루어지게 했다. 현지 자회사들이 제품의 유럽화를 위해 혼신의 노력을 기울여야 한다는 것은 너무나도 분명했다.

P&G 브랜드들에 대한 다국적 관리 체제는 유럽의 기술 팀을 모방한 것이다. 소위 유로 브랜드 팀을 가동시키는 데 가장 큰 힘이 된 것은 자회사 경영자들의 적극적인 참여였다. 자회사 경영자들에게는 담당 국가에서의 판매와 수익에 대한 책임뿐만 아니라 지역 차원에서의 책임까지 주어졌다. 그들의 임무는 제품과 마케팅 활동의 표준화를 도모하고, 관리 측면에서의 중복 요소들을 제거하기 위해 자회사들의 활동을 조정하는 것이었다. 모든 자회사의 경영자들이 주도적으로 참여했으며, 서로가 주최하는 유로 브랜드 팀 회의에 초대되었다. 서로 간에 협력하는 것이 이들의 가장 큰 관심사였다.

이것은 본질적으로 현재 세계 곳곳의 P&G 자회사들을 하나로 묶고 있는 시스템과 동일한 시스템이다.

54

일본, 세계화의 초석

일본은 미국을 제외한 세계 시장에서 가장 큰 소비 시장이며,
가장 침투하기 힘들고 경쟁이 치열하며 가장 발빠르게 움직이는 시장이다.

"그들의 뒷마당에서 그들과 경쟁하라. 왜냐하면 결국 그들과 우리
의 안방에서 경쟁을 벌여야만 하기 때문이다. 우리는 일본에서 사업
을 추진해야 하고, 그곳에서 성공 이외에는 아무런 대안이 없다."

– P&G 전 회장, 에드 알츠

1970년대 중반까지 P&G는 세계의 많은 곳에서 무난하게 사업을
이끌어 왔다. 하지만 그때까지 P&G는 이윤을 낼 수 있는 곳이면 어
디든 기존의 브랜드를 가져다가 마케팅하는 방식으로 사업을 운영했
다. P&G는 유럽 시장에 확고한 기반을 구축했지만 아직 개척하지
않은 시장이 세계 각지에 남아 있었다. 일본 진출은 P&G가 세계무
대에서 경쟁할 만한 능력을 제대로 갖추고 있는지를 시험하는 하나
의 도전이었다. P&G가 일본에서 실패했다면 진정한 의미의 세계적
인 기업으로 거듭나지 못했을 것이다.

1970년대 P&G는 일본의 소규모 합성 세제 회사와의 합작을 통해 일본에 진출했다. P&G는 확신과 의욕, 나쁘게 말하자면 오만으로 가득 차 있었다. 사실 맥도널드, 리바이스 청바지, 말보로 담배처럼 미국적인 상품들이 일본에서 모두 성공을 거두었기 때문에, P&G 역시 미국식 제품, 관리자, 광고, 판매수단, 판촉전략을 가지고 일본 시장에 과감히 뛰어들었다. P&G는 일본의 파트너 회사를 인수해 전권을 장악했다.

그러나 그것은 재앙에 가까운 것이었다. 일본의 경쟁사들은 일본 소비자의 구미에 맞는 뛰어난 제품을 만들었으며 필사적으로 자신들의 위치를 사수했다. 10년 후 P&G는 2억 달러의 손실을 입었다. 쓰디쓴 패배를 맛본 P&G에게는 여기서 포기할 것인지, 계속할 것인지 결정할 일만 남았다. 냉정히 판단하면 물러서는 것이 옳았다. P&G는 분명히 길고 가파른 경사를 이제 막 오르고 있었다.

하지만 P&G는 싸우기로 결정했다. 일본에서 성공을 거두는 것이 두 가지 이유에서 전략적으로 중요한 의미를 갖기 때문이었다. 첫째 일본은 세계 2위의 소비자 시장이었고, 둘째 P&G는 필연적으로 일본 외에 기타 아시아 지역 및 세계에서 일본 기업과 경쟁할 수 있어야 했다.

일본의 소비자들은 품질, 가치, 서비스에 대한 요구에 있어서 한 치의 타협도 하지 않았다. 일본 소비자들은 사실상 모든 기업이 무결함 수준의 제품을 생산해내는 환경에서 자라왔기 때문에, 자신들이 구매하는 모든 제품으로부터 그와 동일한 수준의 품질을 기대하고 있었다. 미국에서 팸퍼스 기저귀를 수입했을 때 일본 소비자들은 제품에 대한 결함을 지적했고, 미국의 세 배에 달하는 불만이 접수되었다.

그들은 협소한 공간 속에서 살기 때문에 지극히 효율적인 방식으로 살림을 한다. 일본 여성들은 가정에서 경제권을 쥐고 있으며 아이들을 양육한다. 그리고 위생에 대해서는 매우 까다로워서 일본 여성은 미국이나 유럽 여성보다 두 배나 자주 아기 기저귀를 교체한다. 그들이 사용하는 1회용 생리대 역시 마찬가지다. 자녀를 양육하는 것은 일본 여성들이 가장 우선시하는 일이며, 어머니와 아기가 그 유례를 찾기 힘들 정도로 가까운 관계를 유지하고 있다.

P&G가 진정한 의미의 글로벌 기업이 되기 위해서는 일본에서 성공해야 했다. 그 목표를 추진하기로 결정한 것은 회사의 비전과 관련하여 엄청난 의미를 지녔으며, 회사의 사고방식에 일대 전환점이 되었다. 그것은 바로 사고는 글로벌하게 하고, 실행은 지역적으로 하는 것이었다. P&G가 일본 시장을 장악하게 된 배경은 '지역적으로 행동하라' 에 잘 나타나 있다.

55

중국 전략, 12억 인구를 무시할 수 없다

시장에 대한 제약이 풀리고 생활 수준이 높아지면서 엄청난 인구를 지닌 개발도상국 시장의 잠재력이 커지고 있다. 이 시장을 선점하는 기업이 장기적으로 막대한 혜택을 누리게 될 것이다.

P&G는 진정한 의미의 글로벌 기업이 되기로 방침을 정하고서 세계 주요 국가에서 강력한 경쟁우위를 확보하기 위한 장기적이고 전략적인 접근을 하기 시작했다. 이는 인도, 인도네시아, 브라질과 같은 일부 시장에서 50년 간 그 지역을 터전으로 성장해 온 다국적 기업들과 경쟁한다는 것을 의미했다.

P&G는 시장의 주도권을 잡기 위해 자본을 투자하고 필요한 모든 것을 할 준비가 되어 있었다. 중국에서 시장의 주도권을 잡는 것이 P&G의 전략적 목표가 되었다. 이에 소요되는 비용은 단지 전술상의 문제였다.

중국인들이 특정 소비재 상품을 선진국 사람들과 같은 수준으로 소비할 경우 P&G의 성장률은 실로 대단할 것으로 예상된다. 예를 들어 미국에서 1회용 기저귀를 사용하는 비율이 98퍼센트인 것에 비해 중국의 경우 단지 약 2퍼센트에 그치고 있다. 또한 1인당 화장지 소비 수준이 미국의 경우 연간 53.3두루마리인 것에 비해 중국은 5.4 두루마리에 불과하다. 중국인들이 미국인만큼 화장지를 낭비하지 않아서 그럴 수도 있지만, 만약 중국인들의 생활수준이 향상될 경우 중국의 화장지 시장 규모는 미국의 다섯 배인 50억 달러 정도가 될 것이다.

1990년 대 말 중국에서 P&G 제품의 판매는 약 10억 달러에 달했다. 미국인이 1인당 60달러를 소비하는 데 비해 중국인은 1인당 약 0.7달러를 소비하고 있는 셈이다. P&G는 헤어 케어, 세제 및 1회용 기저귀 부문에서 선두를 차지함으로써 중국 시장에서 기반을 확고히 하고 있지만, 치열한 경쟁을 벌이고 있는 나머지 15개 부문에서도 선두 자리를 차지하고 싶어 한다.

| 글로벌하게 행동하라 |

P&G는 다국적 교육훈련 모델을 개발해 모든 국가에 적용하고
있으며, 사업 수행에 있어 전 세계적으로 동일한 규범과 원칙을
따른다.

56

하나의 회사, 하나의 문화

세계 곳곳의 P&G 사람들은 하나라는 연대감을 갖고 있다.
문화적, 개인적 차이에도 불구하고 그들은 동일한 언어로 이야기한다.

세계 곳곳의 여러 문화들이 P&G의 문화 및 업무 방식과 양립하지 못한다. P&G 회의를 몇몇 국가의 문화적 규범의 맥락에서 생각해 보자. 몇몇 국가의 경우 업무와 사회적 모임이 정시에 시작되는 경우가 드물다. 어떤 국가에서는 본론에 들어가기 전에 모두가 공감할 수 있는 주제를 가지고 대화를 나누다가 뚜렷한 결론이나 후속 조치도 없이 흐지부지 회의를 끝내는 경우가 많다. 일부 국가에서는 자기주장을 강하게 하거나 다른 사람과 대립하는 것을 기피하는 경향이 있다. 또 다른 국가에서는 P&G 문화와는 달리 매우 위계적이고 권위주의적이어서 중간 관리자나 하급자가 솔선해서 제안을 하거나 리더십을 발휘하는 경우가 거의 없다.

그렇다면 P&G는 어떻게 자사의 강력한 기업 문화를 외국의 고유한 문화, 특히 미국인이 아닌 현지 출신들이 임직원의 대다수를 구성하고 있는 현지 기업에 이식할 수 있었을까?

첫째, P&G는 미국이나 그 밖의 국가에 있는 P&G에서 근무한 경력이 있고, P&G 문화를 잘 알고 있는 노련한 경영진을 현지 기업으로 데려왔다. 이들은 국경을 넘나들며 국제적인 감각을 키워 온 사람들이었다. 그런 다음, P&G는 P&G 문화에 친화력을 가진 외국 유학파 출신들을 직원으로 채용했다. 인터뷰 과정 내내 채용 담당자들은 P&G 문화에 대해 폭넓은 대화를 나누고 그와 맞지 않는 지원자들은 채용에서 배제한다. 채용된 직원들은 P&G 문화에 대해 집중적인 주입과 교육을 받는다.

체코슬로바키아의 P&G 문화

문화는 학습될 수 있다. 이는 P&G가 체코의 라코나 공장을 인수하는 과정에서 입증되었다. 동유럽은 공산주의 문화 속에서 성장해 왔다. 그 시스템은 근로자들에게 일을 잘 하도록 동기를 제공하지 않았다. "우리는 일하는 척하고 그들은 임금을 주는 척한다"라는 말이 회자될 정도였다. 근로자들은 그 시스템을 우회하거나 훼손시키려고 했다. 그러나 자유 기업 시스템이 자신들에게 이익이 된다는 것을 이해했을 때 그들은 P&G가 내건 이른바 '기업 이익과 근로자 이익의 불가분성'이라는 슬로건을 이해했다.

라코나 사는 체코에서 하나뿐인 세탁 및 주방 세제 기업으로, 국가의 통제 하에서 효율성이 떨어졌고 제품 품질 또한 형편없었다. 당시 P&G는 인수할 공장을 물색 중이었다. 라코나 공장에서 독일산 제품에 버금가는 에리얼 세제를 생산할 수 있을지를 확인하기 위해 공장을 시험 가동해 보았다. 공장 근로자들이 P&G 직원들과 협력하여 혼신의 노력을 기울인 결과, 독일산 제품과 구분이 가지 않을 정도로 탁월한 세제를 예정보다 6주나 앞당겨 생산할 수 있었다. 체코의 경영진과 근로자들은 그것을 달성해야 하는 동기를 갖고 있었다.

그들은 P&G를 감동시켜 다른 회사가 아닌 P&G가 자신들의 공장을 인수하기 바랐다. 공장 인수에 참여했던 다른 회사들은 어떻게 하면 근로자 수를 줄이고 비용을 절감할 수 있는가에 대해서만 관심이 있었다. 이와 반대로 공장을 점검한 P&G의 엔지니어들은 어떻게 하면 그들이 지금의 근로자들과 잘 협력하여 보다 나은 제품을 생산할 수 있을까를 최우선적으로 고려했다. P&G는 이 공장을 인수했고, 근로자들은 생산에 대한 동기 부여를 받았으며, 그 공장은 동유럽 시장을 겨냥한 고품질의 제품을 대량으로 생산하기 시작했다.

일본의 P&G 문화

일본 또한 그들이 P&G 기업 문화를 받아들일 수 있음을 입증했다. 일본 문화는 P&G 기업 문화와 여러 유사한 측면을 지니고 있다. 일본인에게는 국가, 기업, 가족이 사회를 구성하는 세 가지 요소에 해당한다. 미국과는 반대로 그들은 고용주에게 충성을 다한다. 일본의 대학 졸업자는 그저 직업만을 원하는 것이 아니라 평생 일할 수 있는 직장을 원한다. 일본에 처음 진출한 외국계 회사들은 일본 대학에서 최고의 인재를 유치하기가 매우 힘들다고 호소한다. 과거 외국계 회사들이 실패하고 철수했던 전력이 있기 때문이다. 하지만 P&G가 일본에서 성공하고자 하는 장기적 비전을 발표하고 제품 품질이 우수하다는 사실이 알려지면서 많은 인재들이 P&G로 몰려들기 시작했다. 그러나 일본의 대학 졸업자들이 특히 관심을 가졌던 것은 인재개발, 성과에 근거한 내부승진, 경력 기회의 제공에 대한 P&G의 정책이었다. 일본 학생들을 대상으로 한 연구조사에서 P&G는 미국계 회사로서는 유일하게 선호하는 10대 기업에 포함되었다.

57

다국적 교육훈련 모델

P&G는 다국적 교육훈련 프로그램을 통해 방법론, 프로세스, 관행을
국제적으로 균일화하여 여러 나라들에 적용시킨다.

1980년 이전까지 P&G는 많은 미국 기업들이 사용하는 전형적인
교육훈련 모델을 사용했다. 신시내티에서 세계 여러 곳의 자회사로
직원들을 파견했으며 그 직원들은 현지에서 현장을 관리하고 현지
근로자들을 교육시켰다. 1980년대 초 P&G는 일부 국제적 판매망을
갖춘 미국 기업에서 진정한 의미의 국제적 기업으로 변신하기 위해
다국적 교육에 대한 새로운 접근을 시도했다.

이제 P&G는 해외에 거의 1,000명에 달하는 외국 국적의 관리자들
을 갖게 되었다. 이 관리자들은 국경을 넘나들며 세계 곳곳에 P&G
문화를 전파하고 동질화하는 데 기여하고 있다. P&G의 다국적 교육
훈련 모델이 갖는 중요한 부분은 사내로 유입되는 인력을 대상으로
언어학습은 물론, 지역문화와 사회적, 경제적 환경을 이해하도록 교
육시키는 데 있다. P&G의 국제 교육훈련 및 개발을 담당하고 있는
한 관리자는 "기업이 점차 글로벌화 되고 직원들이 타 문화권에서 근

무하는 시간이 늘어날수록 문화적 격차는 줄어든다."라고 말했다.

P&G의 표준화된 교육훈련 과정은 전 세계적으로 채택되고 있다. 하지만 현지의 교육 담당자는 그 과정을 지역에 맞게 수정하여 활용한다. P&G는 최고의 교육훈련은 현지화 되어야 하고, 현지의 관리자들에 의해 운영되어야 한다고 믿고 있다.

58

원칙은 보편적이다

P&G는 사업 수행에 있어 전 세계적으로 동일한 원칙과 규범을 따르고 있다.

회사에 전해져 내려오는 다음과 같은 일화가 있다. 25만 달러 상당의 최고급 팸퍼스 원료가 서아프리카의 어느 국가에 도착했다. 세관원은 이 원료가 수입 금지 품목이라며 5,000달러의 뇌물을 주면 이를 기꺼이 풀어 주겠다고 약속했다. 부서 관리자는 이를 거절했고 더 이상 타협의 여지가 없어 보였다. 원료가 세관에 묶이는 바람에 P&G는 4개월 간 공장 가동을 중단해야 했다. 이 관리자는 생산 중단으로 인해 발생하는 손실을 감안하여 5,000달러의 뇌물을 주고 세관원의 제안을 쉽게 받아들일 수도 있었다. 일부 기업의 경우 뇌물이 사업을 위해 치러야 하는 비용의 일부쯤으로 여기고, 심지어 몇몇 국가에서 타 업체와 경쟁하려면 반드시 필요하다고 생각하는 경우가 허다하다. 하지만 P&G만큼은 그렇지 않다.

에드 하니스는 워터게이트 사건이 있고 나서 뇌물과 불법 기부금에 대한 P&G의 입장을 매우 강한 어조로 발표한 바 있다. 워터게이

184

트를 조사하는 과정에서 예기치 않게 불거져 나온 사실은 일부 기업들이 미국 내에서 불법 정치자금을 헌납했을 뿐만 아니라 다른 나라에서도 현지 정부와 공무원들에게 뇌물을 제공했다는 것이었다. 이에 대해 하니스는 확신에 찬 목소리로 말했다.

"P&G는 미국을 비롯한 그 어떤 나라, 어느 누구에게도 불법 정치자금을 제공한 적이 없습니다. 세계 어디에서든 비윤리적인 정치자금을 제공한 역사가 없다는 사실, 그리고 세계 어느 나라, 어느 누구에게도 뇌물을 준 적이 없으며, 국내외를 불문하고 고객이나 거래처와 어떠한 뒷거래도 하지 않았다는 사실, 바로 이것이 P&G가 지금까지 회사를 운영해 온 방식이며, 앞으로도 이런 식으로 회사를 운영할 것이라는 사실을 여러분 앞에서 누구보다 분명하고 자신 있게 말할 수 있습니다."

59

단순화하고 표준화하라

시장마다 브랜드를 재창조하기보다는 기존 포장, 제품 공식 또는 광고 캠페인을
가능한 한 많은 시장에 적용하라. 돈과 시간을 절약할 수 있다.

팸퍼스, 팬틴, 위스퍼, 프링글스, 오일 오브 올레이 등은 모두 세계
적인 대형 브랜드로서 지역적으로 차이보다는 유사성을 더 많이 갖
고 있다. 비달 사순 샴푸와 컨디셔너는 단지 순도의 차이 — 은은한
향기를 선호하는 일본에서는 향내가 다소 옅고 유럽에서는 다소 짙
다 — 만 있을 뿐 세계 전역에서 단 한 가지 향기를 가지고 있다. 유
럽의 유명 브랜드인 에리얼 세제는 14개국의 언어가 인쇄된 동일한
포장 용기에 담겨 중부 유럽과 동유럽에서 판매되고 있다.

TV 광고는 나라마다 유사한데, 현지 배우를 출연시키지만 기본 포
맷은 동일하다. 큰 성공을 거둔 프링글스 광고는 "일단 열면, 멈출 수
없다"라는 카피와 함께 젊은이들이 랩송에 맞춰 춤을 추는 동일한 포
맷으로 미국과 독일에서 사용되었다. 종종 한 곳에서 여러 국가들을
위한 다른 버전의 광고들이 만들어지기도 하는데, 이를 통해 비용을
절약하고 광고들을 서로 비교해 볼 수 있다.

| 지역적으로 사고하라 |

다른 국가에서 성공하기 위해서는 현지 소비자의 인식과 시장 특성을 이해하는 것이 매우 중요하다.

60

찾아내서 재적용하라

다른 지역에서 성공한 아이디어를 찾아내서 현지 시장에 재적용하라.
"찾아내서 재적용하라"라는 문구는 P&G의 핵심적인 마케팅 원칙이다.

P&G를 고객사로 둔 한 광고대행사의 전직 지역 관리자는 다음과
같이 말했다.

"자신이 어떤 시장의 브랜드 관리자라면 다른 지역의 시장 상황에
대해 끊임없이 연구해야 합니다. 다른 시장에서 벌어지는 상황을 알
지 못한다면 어떤 일이든 진행해서는 안 되죠. 상급 관리자들이 전적
으로 그러한 일들을 수행하고 있습니다. 그들은 관리만 하거나 정보
를 교환하는 정도에 머무르지 않아요. 그들은 다른 국가와 지역에서
다른 제품들이 어떻게 판매되고 있는지 속속들이 알고 있습니다. '찾
아내서 재적용하는' 문화는 위에서부터 시작해서 회사 전체에 작동
합니다. P&G 메모는 모든 사람이 정보를 공유하고 의사결정에 참여
하게 합니다. 문서화된 보고가 정기적으로 회람됩니다. 그리고 업무
나 직급에 관계없이 모두가 모여 정보 교환과 아이디어 창출을 위한
회의를 합니다. 그들은 마치 국경이 없는 회사처럼 움직이지요."

자신이 직접 개발하지 않은 연구 결과나 아이디어를 배척하는 문제(not-invented-here factor)에 대해 물어 보자 그는 이렇게 대답했다. "그들은 결코 그러한 것을 용인하지 않을 것입니다. 이런 태도는 하나의 문화입니다. 제가 알고 있는 그 어떤 기업보다 P&G는 외부의 성공적인 아이디어에 수용하는 데 적극적입니다."

'찾아내서 재적용한다' 는 컨셉은 제품, 포장, 마케팅, 광고, 판촉 및 심지어 제조와 유통에까지 영향을 미치고 있다. 훌륭한 아이디어는 국경을 넘어 전파되며 P&G 전체에 공통분모가 된다.

최근 P&G가 일본에서 조이(Joy) 세제를 통해 거둔 성공은 좋은 사례가 된다. 이 식기 세척용 고농축 세제는 1996년 일본에서 처음 시판되었다. 조이 세제는 유럽 P&G 연구진이 일본 시장을 겨냥해 개발한 신기술로 제조되었다. 그리고 조이에 사용된 광고는 원래 영국의 다즈 세제를 광고하기 위해 만들어졌다가 미국의 게인 세제에도 적용된 "Show and Smell" 캠페인을 변형한 것이었다. 또한 조이 세제를 위해 일본에서 개발된 누출 방지 마개가 이제는 미국의 P&G 제품에도 사용되고 있다. 일본에서 대성공을 거둔 조이 제품과 마케팅 프로그램이 필리핀을 비롯한 다른 아시아 시장에도 적용되었다.

61

현지 소비자를 이해하라

매력적인 얼굴색, 뽀송뽀송한 아기피부, 충치 없는 치아 같은 소비자의 기본적인 욕구는
다르지 않다. 그러나 현지 시장의 독특한 소비자 인식과 특성에 맞는 마케팅 전략이 요구된다.

P&G는 오래 전에 현지 소비자의 인식과 시장 특성을 이해하는 것
이 중요하다는 사실을 배웠다. 이는 제2차 세계대전 후 P&G가 국제
적으로 시장을 확장하면서 다른 국가의 특성을 고려하지 않은 채 미
국 제품을 마케팅하면서 배운 교훈이다. 일례로 P&G는 영국에서 윈
터그린 향을 첨가한 치약을 시장에 선보인 적이 있다. 하지만 P&G
가 사전 조사를 실시했다면 영국인이 윈터그린 향을 싫어한다는 사
실을 미리 알 수 있었을 것이다. 영국에서 윈터그린은 약용으로만 쓰
고 식용이나 치약에는 사용하지 않았다.

또한 P&G는 드렌(Drene) 샴푸를 영국 시장에 선보였는데 액체가
용기 내부에서 딱딱하게 굳어 버린다는 소비자 불만이 쏟아졌다.
P&G는 영국의 화장실 온도가 드렌의 응고점보다 낮다는 사실을 파
악하지 못했던 것이다.

그러나 여러 해 뒤 P&G는 영국에서의 경험을 잊어버린 것처럼 일

본에서도 실수를 반복했다. P&G가 일본 시장 진출 초기에 휘청거렸던 근본적인 이유는 일본 소비자들이 무엇을 필요로 하는지 제대로 알지 못했기 때문이다.

세탁용 세제인 치어는 일본 시장에 최초로 진출한 P&G 브랜드로 미국에서 직수입한 제품이었다. 이 제품은 뜨겁거나 따뜻하거나 차가운 온도에서도 의류 세척 효과가 뛰어난 독특한 장점을 가지고 있었다. 그러나 대부분의 일본 여성은 차가운 수돗물로 의복을 세탁하고 있었다. 세탁 온도를 세 가지로 다양화시킨 아이디어는 일본에서 아무런 반응을 얻지 못했다. 판매가 급격히 하락했다. 현지 문화에 적응하지 못하고 미국 제품과 마케팅 프로그램을 일본 시장에 그대로 적용하려는 시도가 실패 원인이었다.

|지역적으로 행동하라|

현지 시장에서 성공하려면 제품을 현지 시장에 맞추고, 광고 메시지를 현지 시장에 맞게 변화시켜야 한다. 또한 기업의 현지 이미지를 창출하고, 현지 공급자 및 소매상과 협력적인 관계를 유지해야 한다.

62

제품을 현지 시장에 맞추어라

현지 시장의 소비자 인식이나 특성이 단순화와 표준화를 통한 비용 효율성을 상쇄시키도 한다.
현지 소비자에 대한 올바른 이해는 종종 상이한 제품과 마케팅 전략을 요구한다.

현지 소비자를 이해하는 데 최선을 다한다

일본에서 성공적으로 사업을 재구축하기 위한 열쇠는 일본 소비자들을 이해하는 데에 달려 있었다. P&G는 소비자 성향 파악에 주력하기로 결정하고 기존의 방식과는 다르게 일본시장에 접근했다. P&G는 일본인 직원들을 브랜드 팀에 모으고 일본 광고대행사를 고용했으며, 소비자에 대한 모든 것을 이해하기 위해 조사원들을 시장 구석구석에 포진시켰다. 그뿐 아니라 표적집단 조사, 쇼핑몰 조사, 컨셉 테스트, 제품 테스트 등의 조사를 원점에서 다시 실시했다. P&G는 소비자에 귀를 기울였고 소비자를 이해하게 되었다.

치어의 부활

P&G는 일본 시장에서 치어를 소생시키기 위해 공간을 적게 차지하는 작은 용기에 담은 고농축 치어 세제를 다시 시판했다. 매혹적인

레몬 향을 첨가해서 제품에 독특함을 부여함으로써 이전 제품에서 미흡했던 부분을 보강했다. P&G는 우여곡절 끝에 일본 시장에서 치어 제품을 본궤도에 올려놓을 수 있었다.

얼마 후 P&G 연구진은 저온에서 사용 가능한 표백제를 개발했다. 비로소 의류 세탁 시 냉수를 선호하는 일본 시장으로 진출할 수 있는 청신호가 켜졌다. P&G는 새로운 세제를 작은 용기에 고농축시킨 다음, 유럽에서 대대적인 성공을 거둔 에리얼 브랜드를 붙여 시장에 출시했다. 이윽고 P&G는 치어와 에리얼 브랜드를 통해 일본 시장을 선점할 수 있는 성공적인 기반을 마련하게 되었다.

현지 소비자에 대한 이해를 통해 잠재력이 큰 위스퍼 표적 시장을 발견하다

P&G는 일본의 생리대 시장을 공략할 만한 우수한 제품을 보유하고 있었다. 위스퍼(Whisper) 생리대와 일본 시장을 주도하고 있는 기존 제품을 비교 테스트한 결과, 위스퍼에 대한 소비자의 선호도가 2대 1로 나타났다.

그러나 P&G는 두 가지 문제점을 안고 있었다. 첫째, 일본 여성들은 개인적인 문제에 있어서 까다롭고 의심이 많으며 친숙한 브랜드를 쉽게 포기하지 않는 성향이 있었다. 둘째, 위스퍼는 당시 시장을 주도하고 있던 일본 제품보다 생산 단가가 높았다. 일본 여성이 값비싼 신제품으로 눈길을 돌릴 것 같지 않았다.

그러나 P&G는 10대 후반에서 20대 일본 여성들과 나이든 여성들 사이에 사고방식의 차이가 있다는 것을 알게 되었다. 젊은 여성들은 좀더 적극적으로 위스퍼와 같은 신제품을 사용하고 싶어 했으며, 위스퍼의 장점에 대해 보다 많은 관심을 보였고, 가격에 대해 덜 민감한 것으로 나타났다. P&G는 젊은 층을 대상으로 마케팅 활동에 총력을 기울이기로 결정했다.

먼저 그 전략은 광고를 통해 실행되었다. 브랜드 팀과 일본의 광고 대행사인 덴추가 일본에서 잘 알려진 여성 사진작가를 섭외했다. 이 여성은 일류 유명 인사는 아니었지만 일본에서 부상하고 있는 전문직 여성들에게 이상적인 모델이었다. 모델 못지않게 중요한 것은 광고에 출연한 젊은 일본 여성들이 자신들의 개인적인 이야기를 공개적이고 솔직하게 주고받는 대화 방식이었다. 위스퍼에 대한 주인공의 솔직한 대화와 "방금 세탁한 속옷을 착용한 느낌"이라고 말하는 컨셉은 일본 사회에서 자유를 추구하는 젊은 여성들을 상징적으로 대변하고 있었다. P&G는 사전 조사 결과를 토대로 현지 문화의 차이점에 적절하게 대응함으로써 성공을 거두었다.

일본의 소비자들은 색다른 1회용 기저귀를 원했다

P&G가 일본에 처음 1회용 기저귀를 선보였을 때 미국산 제품을 그대로 사용했는데, 그 결과 큰 성공을 거두지 못했다. 제품이 너무 두꺼웠으며 가격이 비쌌다. 게다가 일본 아기들은 미국 아기들에 비해 몸집이 작았다. P&G는 미국산보다 사이즈가 작고 두께가 세 배나 얇으며, 가격도 저렴하고 집이 좁은 일본 가정에서 보관이 쉬우며 이동이 간편한 보다 작은 크기의 제품을 개발했다.

중국을 겨냥한 색다른 샴푸

중국에서 비듬 문제는 어떤 중국제 샴푸도 해결하지 못한 난제였다. P&G는 항비듬 성분을 첨가한 헤드 앤 숄더라는 제품을 시장에 출시했고 리조이스와 팬틴이 그 뒤를 이었다. P&G는 아시아 태평양 지역에 겸용 샴푸를 판매할 때 동양인들의 두터운 모낭에 알맞게 각기 다른 수준의 컨디셔너를 사용했다. 결국 P&G의 세 가지 샴푸는 중국의 주요 도시에서 50퍼센트 이상의 시장 점유율을 차지하게 되었다.

페루의 소량 포장 제품

P&G의 농축 세제는 여러 시장에서 큰 성공을 거두었지만 페루에서는 그렇지 못했다. 대부분의 페루 사람들은 경제적으로 어렵기 때문에 세제를 살 때 겨우 250그램 정도의 소량 세제 제품만을 구입하려고 했다. 농축시키면 차 한 봉지 크기밖에 되지 않았다. 이런 이유로 페루에서 판매되는 샴푸의 70퍼센트가 1회용 봉지에 포장되어 팔리고 있다.

중국에서의 새로운 샘플 제공 방식

소비자와 현지 시장의 특성을 이해하면 독특한 마케팅 방식으로 시장에 접근할 수 있다. 예를 들어 P&G에서 샘플 제공은 매우 중요한 마케팅 도구가 되어 왔다. 미국 시장에서는 샘플을 배포하는 것이 수월한 편이다. P&G의 담당 직원들이 선택된 지역을 가가호호 방문해서 플라스틱 가방에 든 샘플을 문고리에 달아 둔다. 비용이 적게 드는 방법으로는 샘플을 선정 대상에게 우편으로 발송하는 방법이 있다. 그러나 P&G는 중국에서는 보다 확실한 방법을 고안해 냈다. 즉 공산당을 통해 샘플을 배포하는 것이었다. 1995년 9월 15일자 아시아 〈월스트리트 저널〉은 다음과 같이 쓰고 있다.

"유안 리펑은 P&G의 중국 소비 시장 공격을 맡은 첨병이었다. 허리가 구부정한 72세의 유안은 은퇴한 공장 노동자 출신으로 약 200명이 거주하는 좁은 골목길 구역의 마을 위원회를 주도하고 있다. 여기에서 그녀는 중국 공산당의 눈과 귀와 입이자 P&G 제품을 마케팅하는 수족과 같은 존재다. P&G는 최근에 타이드 합성 세제가 든 노란색 선물 상자를 이웃에게 나눠 주기 위해 유안 리펑과 같은 중국인을 수천 명 고용했다. 정치적 통제를 담당하는 베이징의 감시원들이 중국 역사상 가장 야심에 찬 제품 출시를 후원하면서, 북동쪽 베이징에서 남서쪽 챙주에 이르기까지 상점들의 차양 위에 타이드 브랜드가 펄럭이고 있다."

63

메시지를 시장에 맞게 변화시켜라

소비자 욕구에 적합한 제품을 만드는 것은 도전의 일부에 불과하다. 메시지를 소비자가
듣는 방식에 맞춰야 한다. 이는 소비자의 문화를 이해하고 광고를 맞춤화하는 것을 의미한다.

P&G의 일본 브랜드 팀은 치어 브랜드를 재시판하면서 미국 시장
을 겨냥하여 제작한 식기 세척용 세제인 조이 광고의 주인공 '레몬
보이'가 치어 신제품 광고에도 훌륭한 광고 모델 역할을 해줄 것이라
고 기대했다.

그러나 일본의 소비자들에게 미국의 조이 광고를 선보였을 때 소
비자들은 레몬 보이가 흥미롭기는 하지만 너무 공격적이어서 비위에
거슬린다는 반응을 보였다. 소비자들은 이 광고 모델이 부정적이고
도움이 안된다고 평가했다. 그래서 브랜드 팀은 레몬 보이 모델을 일
본화하여 친근하고 예의 바르면서도 열정을 지닌 캐릭터로 바꾸었는
데, 그것이 적중했다.

브랜드 팀은 에리얼 세제 광고를 개발하는 과정에서 제품의 성능
을 경쟁사와 비교하는 방법을 사용했다. 사실 일본 문화에서 상대방
을 비방하는 것은 대단히 무례하고 부적절한 행동이었다. 따라서 회

사나 제품의 경우에도 경쟁사를 비방하는 것이 이로울 리가 없었다. P&G 역시 이미 그 사실을 알고 있었다.

그러나 P&G는 일본의 소비자가 사실에 입각한 객관적인 정보를 제시할 경우 이를 수긍한다는 점도 알고 있었다. 에리얼 광고의 도입부에서 사실적이고 객관적인 태도로 제품 성능을 제시하고 나서 이 제품과 타 제품을 모두 사용해 본 일본 주부들이 에리얼 제품을 선호한다는 사실을 보여주었다.

P&G는 얇고 작은 팸퍼스를 재시판하면서 초기에 팸퍼스를 출시했을 때 얻은 좋지 않은 이미지를 극복해야만 했다. P&G가 조사한 바에 따르면, 자식에 대해 맹목적인 일본 어머니들은 팸퍼스가 자녀에게 필요한 점을 세심하게 고려한 제품이 아니라고 생각하고 있었다. 그래서 P&G는 광고에 '팸퍼스찬' 이라는 기저귀 캐릭터를 등장시켰다. 이 광고에서 동화 속의 캐릭터는 아기에게 하룻밤을 자고 일어나도 기저귀가 마른 상태 그대로 있을 거라는 약속을 한다. 이 광고의 도움으로 1회용 기저귀 시장에서 팸퍼스의 인기는 폭발적으로 치솟았다.

카메이 제품은 세면용과 목욕용 비누로, 비누의 모양과 포장이 세계 어느 곳에서나 비슷하다. P&G는 다양한 광고를 사용했지만 대부분의 나라에서 가장 성공을 거둔 시나리오는 욕실을 배경으로 '남성을 유혹하는 매력' 이란 전략에 기초하고 있다.

프랑스에서 이 광고는 노골적인 애정 표현과 프랑스식 기지를 동원해서 상당히 직설적으로 표현했다. 영국에서는 전통적인 영국식 위트와 억제된 표현을 통해 컨셉을 전달했다. 일본의 경우, 초기 광고에서 남녀 간의 상호작용을 매너 있고 정중하게 표현했다. 그럼에도 불구하고 일본 여성들은 이 광고에 즉각적인 거부 반응을 보였다.

아내가 목욕을 하는 동안 남편이 그녀의 프라이버시를 몰래 엿보는 것 자체가 나쁜 행동으로 여겨졌던 것이다. 남편의 행동이 얼마나 예의바른 것이었는지는 문제가 안 되었다. 소비자들은 당시 장면이 남성우월주의를 드러냈으며 예의에 어긋난다며 화를 냈다. 이러한 소비자 반응 때문에 카메이 광고는 카메이의 유럽적 개성을 활용하여 서양식 욕조와 유럽 여성이 등장하는 유럽적 분위기로 다시 제작되었다.

성인의 요실금 증상은 세계 어느 곳에서나 말하기 부담스러운 미묘한 주제에 속하며 일본이라고 예외가 아니다. 아텐토라 불리는 성인용 1회용 기저귀 광고는 일본 문화 속에서 작가라는 직업이 인생에 대한 풍부한 지식과 경험을 갖춘 현명한 사람으로 통한다는 사실을 십분 활용하고 있다. 이 광고의 특징은 저명한 일본 작가가 출연하여 아텐토를 선전하는 데 있다. 그는 속담과 유머를 이용하여 인생을 이야기하면서 아텐토의 장점을 자연스럽게 이끌어냈다.

64

기업의 현지 이미지를 창출하라

해외 시장에 진출한 기업은 현지 소비자들에게 이방인 취급을 당한다.
현지 기업의 설자리를 빼앗고 자본을 유출시키는 악당으로 인식되기도 한다. 기업들이 이런
장애물을 극복하고 현지 기업처럼 인식되기 위해서는 그 나라의 기업인 것처럼 행동해야 한다.

P&G는 시장 진출에 앞서 대상 국가에 대한 자사의 공헌도를 알리
는 데 주력한다. 언론과 인터뷰를 갖거나 기업에 관한 특별 광고를
내보내고 대학 및 정부에 있는 주요 인사들을 만난다. 그리고 소비자
들에게 기업 이미지를 홍보한다. 일본 소비자는 자신이 구매하려는
제품을 생산한 기업에 상당히 신경을 쓰고, 제품을 생산하는 회사의
이미지와 그 제품의 품질, 안전성 및 신뢰도를 관련지어 생각한다.

P&G는 일본의 대형 소비재 회사이자 주요 경쟁사인 가오 사와의
대결에서 매우 불리한 입장에 처해 있었다. P&G는 장애 요인이 무
엇인가를 파악하기 위해 한 가지 테스트를 했다. 소비자를 두 개 패
널로 나누어 동일한 제품에 대해 한 패널에는 P&G가 제조업체라고
말하고, 다른 패널에는 가오 사가 제조업체라고 말한 것이다. 가오
사가 제조한 것으로 알고 있는 제품에 대해서는 소비자 선호도가 매
우 높게 나타났다. 이런 결과를 토대로 P&G는 기업 광고를 내보냈

을 뿐만 아니라 브랜드 광고에서도 그 브랜드가 P&G의 것임을 알리는 내용을 마지막에 몇 초간 방영했다. 이러한 접근방법은 P&G가 일본에서 돌파구를 마련함에 있어서 중요한 계기가 되었다.

또한 P&G는 일본에서 최초로 수신자 부담 무료 전화를 시작해서 소비자와 공급자가 의문사항이나 건의사항을 부담 없이 문의할 수 있도록 했다. P&G는 이것을 통해 소비자 반응을 모니터하고 여러 문제에 즉각적으로 대응할 수 있었을 뿐만 아니라 일본인이 중요하게 여기는 품질과 서비스에 대한 기업의 노력을 보여줄 수 있었다.

65

현지 업체들과 그들의 입장에서
협력하라

P&G는 성장 단계에 있는 현지 시장에 가급적 진보된 유통 시스템을
적용하려고 노력한다. 진보된 기술을 적용할 수 없는 경우에는 창의적인 방법으로 재적용한다.

P&G는 미국과 서유럽의 소매상들과 일하면서 터득한 노하우를 다른 국가의 대형 슈퍼마켓에 적용하고 있다. 그러나 많은 나라의 소매 유통 시스템이 100년 미국이나 유럽의 유통 시스템만큼이나 효율적이지 못하다. 그렇지만 P&G는 이들 새로운 거래처들과 일할 때 현대적인 도구와 수단을 적용하려 애쓰고 있다.

이를테면 폴란드의 경우, 소비재 상품의 80퍼센트가 미국에서 구멍가게라고 부르는 점포들을 통해 판매되고 있다. 이런 가게들은 규모가 매우 작아 1주일 혹은 한 달에 고작해야 몇 개 품목만 팔린다. 이런 가게들은 대형차를 동원하여 납품할 필요조차 없으며, 심지어 두 다스들이 한 상자를 통째로 들여놓을 필요마저 없다. 그래서 P&G는 포켓용 컴퓨터로 주문을 받고, 매일 소형 트럭으로 납품을 하며 파손된 제품을 즉시 교환해 줌으로써 성장 잠재력이 큰 개발도상국에서 유통의 효율성을 높이고 정시 납품을 가능하게 만들었다.

중국의 소매 유통 시스템에서도 구멍가게들이 중요한 부분을 차지하고 있다. 그러나 이러한 소매점들은 매장에서 판매할 제품을 스스로 선정한다. 그래서 P&G는 최소 20만 명 이상이 거주하는 228개의 중국 도시의 지도들을 가지고 구멍가게들의 정확한 위치를 찾아내어 현지에서 고용한 수많은 지상군을 파견했다. 이들은 등에 'Winning Team'이라는 문구가 적힌 흰색 스포츠 셔츠를 입고 각 소매점을 일일이 찾아다니며 제품을 판매하고 서비스를 제공했다.

5부

P&G의 브랜드 관리자

P&G의 브랜드 관리 문화는 직원들에게 추진력을 제공한다. 모든 직급마다 명문화되지 않은 승진 스케줄이 있으며 경쟁에서 이기지 못하면 퇴사해야 한다는 분명한 인식을 갖고 있다. 브랜드 담당자들은 확실한 성과를 달성해야 한다는 압박감을 갖고 있으며, 종종 늦게까지 일한다. 이런 상황에 잘 적응하지 못하는 사람들은 다른 부서로 이동하거나 회사를 떠난다. 브랜드 관리는 누구나 할 수 있는 일이 아니지만 브랜드 관리에서 얻은 교훈들은 다른 직종에서도 적용할 수 있다.

| 브랜드 관리자로 성공하기 |

브랜드 관리자는 자신이 관리하는 비즈니스에 대해 누구보다 잘 알고 있어야 하고, 주도적으로 사업을 구축할 수 있어야 한다. 그리고 무엇보다 소비자의 옹호자가 되어야 한다.

소비자의 옹호자가 되어라

소비자를 기쁘게 하는 데 회사의 자원을 끌어올 수 있는 브랜드 관리자는 반드시 성공한다.

이것은 두 가지 이유 때문이다. 첫째, 소비자가 브랜드를 받아들이면 매출과 시장 점유율은 자연히 증가한다. 둘째, 이것은 P&G 문화에서 업무를 수행하는 최상의 방법이다. P&G에서는 소비자가 말할 때 모두가 귀를 기울인다. 소비자가 원하기 때문에 브랜드 관리자가 결정을 내리면, P&G 직원들은 응답한다.

그러나 소비자를 알고 이해하려면 정말 많은 노력이 필요하다. 브랜드 관리자는 모든 소비자 조사 보고서를 연구하는 수준에 머무르지 않고, 조사한 내용을 직접 살펴보고 핵심 그룹을 관찰하며 전화면담 시 소비자의 이야기에 귀를 기울인다.

직접 조사에 나서는 브랜드 관리자들이 있다. 회사에서 떠도는 이야기에 따르면, 전임 CEO 하워드 모겐스는 몇 달 동안 소비자들의 집을 일일이 방문했다고 한다. 브랜드 관리자는 소비자들이 보낸 편지를 읽고 소비자가 식품점에서 브랜드를 선택하는 것을 관찰하며 소비자들에게 특정 브랜드를 선택하는 이유와 어떤 생각을 갖고 있는지에 대해 물어본다. 또한 브랜드 관리자는 자신의 브랜드와 관련된 소비자 조사 데이터베이스에 접근할 수 있다. 그들은 문제를 조사하거나 해답을 얻기 위해 데이터베이스에 들어가서 여러 가지 다른 방식으로 데이터를 돌려볼 수 있다.

67

자신의 비즈니스에 대해
누구보다 잘 알고 있어라

브랜드 관리자는 어느 누구보다 자기가 관리하는 브랜드에 대해 가장 많이 알고 있어야 한다.

브랜드 관리자가 브랜드의 화학적 성분을 연구개발 부서보다 많이 알기는 어려운 일이다. 또한 브랜드 관리자가 피오리아 지역에서의 매출 현황을 지역 판매책임자보다 더 잘 알기도 어려운 일이다. 그리고 브랜드 관리자가 제품 원가를 구매 부서보다 더 잘 알고 있기도 어려운 일이다. 그러나 브랜드 관리자는 자기 브랜드 제품에 대해 구매 부서나 영업 부서보다 더 잘 알 수 있고, 자기 브랜드의 제품 원가에 대해 지역 판매책임자나 연구개발 부서보다 더 많이 알 수 있으며, 피오리아에서의 매출 현황을 연구개발 부서나 구매 부서보다 더 많이 알 수 있다.

브랜드 관리자는 자기 브랜드에 대해 상사보다 더 많이 알고 있어야 한다. 왜냐하면 P&G는 브랜드 관리자의 지식을 끊임없이 테스트하기 때문이다. 비즈니스 대화는 사실에 기초한 대화이어야 하며, 회사는 브랜드 관리자가 사실을 잘 알고 있을 것이라고 기대한다. 에드 알츠는 전에 헤드 앤 숄더의 미국 브랜드 관리자에게 중국의 비듬 발생률에 대해 물어본 적이 있다. 그런 지식이 당면한 이슈와 무슨 관련성이 있는지 분명하지 않았다. 그 광경을 지켜본 사람은 그러한 질문에 뭔가 다른 의도가 숨어 있는 게 아닌가 하고 의심하기도 했다. 그 브랜드 관리자는 비듬 발생률에 대해 경험지식에 근거한 추측을 했고 비교적 아무 탈 없이 그 자리를 벗어날 수 있었다. 비즈니스 문제에 대한 철저한 파악이 무엇보다 중요하다는 것이 재확인되는 순간이었다.

68

주도적으로 사업을 수행하라

P&G에서는 주도적으로 일하고 업무 실적을 보여 주는 브랜드 관리자가 승진한다.
"비즈니스를 구축하는 것"은 효과적인 업무수행의 으뜸 기준이며,
개인이 그 과제를 어떻게 수행해왔느냐가 승진 추천의 주된 초점이다.

성공하는 브랜드 관리자의 기본적인 특징 가운데 하나는 주도적인 태도다. P&G의 전임 마케팅 관리자(브랜드 관리자의 상급직)는 이렇게 말했다. "주도적이라는 것은 뭔가 이루겠다는 의지 이상의 것이다. 그것은 상황에 뛰어들어 주도권을 잡겠다는 욕구다."

주도적인 태도는 P&G가 브랜드 관리 지원자들에게 기대하는 가장 중요한 특성이다. 지적 능력과 다재다능함도 중요하다. 그러나 그러한 요소는 최소한의 자격 요건일 뿐이다. 면접 과정에서 "그 동안 어떤 성취를 거두었는가?"라는 질문에 제대로 대답하지 못한다면 입사 제의를 받지 못할 것이다.

P&G 채용 담당자가 캠퍼스 면접 신청자 모두를 면접하는 것은 아니다. 채용 담당자들은 학내 취업센터 관리자 및 마케팅 교수들과 관계를 맺고 유망한 학생을 찾는 데 도움을 받는다. 채용 담당자들은 P&G에 입사할 생각이 없는 후보들의 이력서도 검토한다. 채용 담당

자들이 중요하게 고려하는 특성은 성취의 패턴이다. 다른 사람들에게 영향을 주고 일을 추진하는 리더십에 관한 기록이 학점보다 더 중요하다.

데이비드 그로서는 채용 당시 이런 일을 겪었다. 그는 캘로그 경영대학원 졸업을 앞두고 P&G로부터 입사 제의를 받았다. 캠퍼스 면접 이후 P&G로부터 2차 면접을 위해 신시내티로 방문해 달라는 요청이 있었다. 그는 다른 회사들로부터도 입사 제의를 받은 상태인 데다가 P&G에 대해 몇 가지 사항을 걱정하고 있었다. 그는 그에 관해 P&G와 직접 대면해서 물어보기로 마음먹었다. P&G 고위 임원과 면접을 끝낸 다음 마침내 입사하기로 결정하고 데이비드는 이렇게 말했다. "P&G는 하루 종일 메모나 작성한다는 소문이 돌고 있습니다." 이에 대한 대답은 방어적이지도 공격적이지도 않았다. "데이비드, 자네가 우리 회사에 들어와서 비즈니스를 구축할 생각이 없다면 우리는 자네가 필요 없네."

지금 데이비드는 이렇게 말하고 있다. "그런 말을 듣고 나니 점점 더 관심이 생겼습니다. P&G는 여러분의 리더십, 사고력, 뭔가 이룰 수 있는 능력을 기대합니다. 그것은 분명한 사실입니다. 메모에 대한 이야기는 과장된 것이었습니다. P&G에서는 메모로 의사소통하고 확인합니다. 그러나 여러분은 메모가 아니라 뭔가를 이루어내야 합니다."

69

다른 사람들을 승리자로 만들어라

브랜드 관리자의 성공은 다른 사람들의 지원과 협력을 이끌어내는 능력에 달려 있다.
제품개발, 생산, 포장 디자인, 판촉 스태프들은 브랜드 관리자의 부하 직원이 아니다.
브랜드 관리자는 그들에게 지시할 권한이 없으며, 상호이익의 원칙에 따라 이끌어야 한다.

브랜드 관리에서 리더십이란 자신의 아이디어를 실제로 업무를 수행하는 사람들에게 파는 것을 의미한다.

제이 스톡웰은 P&G에 입사했을 때 리더십에 대해 나름대로의 경험과 주관을 갖고 있었다. 제이는 미국 해군에서 7년 동안 P-3를 조종하고, 장교와 사병으로 구성된 지원 팀을 이끈 경험에 기초해 리더십에 대해 명령-통제의 개념을 갖고 있었다. 그는 대장이었고, 명령을 내렸으며, 지원 팀의 업무가 끝난 뒤에는 비행을 하곤 했다. 자신이 P&G에 와서 느낀 차이점에 대해 그는 이렇게 말했다.

"브랜드_관리자로서 자신이 직접 할 수 있는 것은 아무것도 없습니다. 그저 선적할 상자를 옮기거나 이익을 계산해 보는 정도지요. 브랜드 관리자는 전적으로 다른 사람들에게 의존할 수밖에 없습니다. 따라서 나는 브랜드 관리에서 가장 중요한 성공 요소는 리더십이라고 생각합니다. 분명히 브랜드 관리자는 문제를 생각하고 해결할 수 있어야 하며, 창의력과 혁신적인 태도를 가져야 합니다. 또한 우선순위를 정할 수 있어야 합니다. 사람들을 이끌 수 없다면 물에 빠져 죽은 시체나 다를 바가 없으니까요."

전임 보조 브랜드 관리자인 캐시 리스크 린더는 다음과 같이 믿고 있다.

다른 사람들과 제휴를 맺고 상호이익 상황을 만들어 내는 것은 브랜드 관리에 있어 결정적인 성공 요소입니다. 당신은 시장조사, 영업, 광고, 재무 등과 같은 다른 업무 영역에서 활동하는 사람들을 관리하거나 지도해야 합니다. 당신의 상사는 당신이 그 일을 할 수 있는지 보기 위해 한발 물러서 있을 것입니다. 당신은 권한은 없지만 영향력은 있습니다. 스태프들에게 있어 브랜드 관리자는 최고 경영진과 의사소통을 할 수 있는 창구라고 할 수 있습니다.

하지만 브랜드 관리자가 스스로를 왕이고 모든 일의 중심축이라고 여긴다면 스태프들은 분노를 느낍니다. 그리고 브랜드 관리자가 마음에 들지 않으면, 그들은 일부러 브랜드 담당자의 아이디어를 실행하지 않음으로써 태업을 합니다.

나는 전혀 성과를 거두지 못한 어떤 브랜드 관리자의 프로젝트를 또렷이 기억하고 있습니다. 아이디어가 좋았건 나빴건 제품개발 관리자가 브랜드 관리자의 밀어붙이는 스타일을 아주 싫어했기 때문에 그의 아이디어는 검토조차 되지 않았습니다. 프로젝트는 단순히 개성이나 아이디어, 지위의 문제가 아닙니다. 그것은 장점이 있어야 하고 설득력을 가져야 합니다.

캐시는 다른 사람들과 협력하는 능력이 뛰어난 브랜드 관리의 슈퍼스타 월터 솔로몬을 이야기했다. "그는 젊고, 늘 자신감이 넘쳐 있고, 재미있고 친근한 스타일로 인간관계의 벽을 허무는 재치 있는 친구였어요. 젊은 보조 브랜드 관리자 시절에도 그는 기술적 문제를 다루는 방법과 자신이 프로젝트의 리더로 인정받는 방법을 알고 있었지요. 기술 부서 사람들은 대개 설득하기가 쉽지 않다는 점을 생각하면 그의 자질은 정말 뛰어난 것이었습니다."

월터 솔로몬은 대학 졸업 직후 채용되어 25세의 나이에 브랜드 관리자로 승진했다. 캐시는 그가 보조 브랜드 관리자 시절에 이룬 성과에 깊은 인상을 받았다. 그는 릴트(Lilt)라는 가정용 파마제의 브랜드 관리자로 승진했을 때 다른 사람들의 지원을 얻는 것이 중요하다는 사실을 분명히 알고 있었다.

릴트는 오래된 브랜드였다. 그러나 당시 헤어스타일이나 유행과는 거리가 멀었고 매출은 계속 하락세를 보이고 있었다. 더구나 릴트는 알려지지 않은 작은 브랜드였다. 어느 누구도 릴트에 관심을 보이지 않았으며, 경영진조차 릴트에 투자해야 하는 이유를 알지 못했다.

솔로몬은 자신에게 첫 번째로 주어진 브랜드 관리 업무를 열정을 가지고 공격적으로 수행했다. 그는 비즈니스에 대한 새로운 방법을 제시하고 다른 구성원들의 지원을 받을 필요가 있다고 생각했다. 그리고 릴트 브랜드의 과거 자료를 검토한 결과, 주로 몇몇 소매상들이 전체 매출에서 80퍼센트를 차지하고 있고, 그들이 주로 농촌 지역에 위치하고 있다는 사실을 알게 되었다. 그들 소매상에게 릴트는 중요한 브랜드였지만, 그들에게서조차 매출이 감소하고 있었다. 월터는 다음과 같이 말했다.

영업사원들로 하여금 소매상의 주의와 관심을 릴트 브랜드에 돌리도록 해야 했습니다. 대형 샴푸 브랜드들은 할당된 판매량을 달성하지만, 이 작은 가정용 파머제는 그렇지 못했습니다. 우리는 월마트와 달리 제너럴처럼 농촌 지역에 많은 점포를 갖고 있는 소매상들과 마주 앉아 '이 제품을 판매하려면 어떻게 해야 할까? 누구에게 이야기해야 할까? 어떤 종류의 광고나 판촉을 해야 할까?' 와 같은 질문을 했죠. 그 때 나는 광고대행사인 버넷과 함께 일하면서 그들로 하여금 미녀 모델들에 대해 생각하는 것을 멈추고 누가 릴트의 소비자이며 그들의 삶이 어떤 것인지 알아내게 했어요. 물론 그들도 처음에는 내 제안에 대해 시큰둥한 반응을 보였지요. 왜냐하면 릴트 브랜드로 그다지 재미를 보지 못했으니까요.

그러나 그들은 곧 릴트 브랜드로 뭔가 할 수 있다는 것을 깨닫기 시작했고 마침내 미용실에 가기보다는 자기 손으로 머리 손질을 하려는 보수적 성향의 농촌 사람들을 대상으로 사은 행사를 시작했습니다. 우리는 한 팀이 되어 마케팅 계획을 마련하고 승인을 얻어 냈으며 이듬해에는 20퍼센트의 매출 신장을 달성했습니다. 그것은 모두에게 승리였으며, 영업사원들의 실적에도 예상치 못한 기여를 했습니다. 릴트 브랜드를 잘 아는 거래처의 주문이 늘어났고, 버넷이 제작한 텔레비전 광고로 P&G는 최우수 광고상을 수상했습니다.

월터 솔로몬은 팬틴 브랜드의 관리 업무까지 맡게 되었고 마침내 헤어케어 브랜드들의 마케팅 관리자로 승진했다. 사실 그 무렵 P&G는 세계 시장에 공격적으로 진출하면서 글로벌 브랜드가 될 수 있는 잠재력 있는 브랜드에 초점을 맞추고 있었다. 릴트는 회사의 이런 전략 때문에 버려진 최초 브랜드들 중 하나가 되었다. 얄궂게도 그가 회사를 그만두기 전에 마지막으로 수행한 업무들 중 하나가 바로 그런 작은 브랜드들을 포기하는 것이었다.

다른 사람들이 문제를 해결하는 것을
도와주면서 이끌어라

리더십은 이슈를 정의하고 다른 사람들의 성취를 도와주는 것에 의해 드러난다.

테레사 배넌은 노트르담 대학을 갓 졸업한 21세 나이에 1회용 기저귀 루브스를 담당하는 보조 브랜드 관리자로 입사했다.

모든 신입 보조 브랜드 관리자들처럼 배넌은 브랜드 관리의 슈퍼스타들이 어떻게 성공을 거두었고, 선배들이 어떻게 정열을 불태웠는지에 대한 이야기를 수 없이 들었다. 뭔가를 이루어내기 위해서는 다른 부서의 사람들과 효과적으로 협력해야 한다는 사실이 금방 명확해졌다. 그녀는 다른 부서 사람들에 대해 다음과 같이 말했다.

다른 부서 사람들은 오랫동안 근무했으며 저보다 아는 게 훨씬 많았습니다. 저는 운이 좋았습니다. 일단 나이가 어리고 경험이 없다는 것은 단점이었죠. 그러나 사람들에게 제가 어리고 경험이 없고 아는 게 없어 보일 거라고 생각하니 정말 끔찍했죠. 그래서 저는 마치 숙제를 하듯 회사 업무를 집에 가져와서 했고,

될 수 있는 한 기술적 공정에 대해서 많이 배우려고 했습니다. 기본적으로 제가 문제에 대한 최상의 해결책을 갖고 있는 척하지 않았죠. 다른 부서 사람들의 아이디어를 진심으로 환영했고 그들을 돕기 위해 할 수 있는 모든 일을 찾으려고 했어요. 가장 기억에 남는 일은 직무평가에서 기술 지원부의 한 고참 직원이 제 상사에게 제가 자기가 지금까지 함께 일한 사람들 중에서 가장 편한 사람이었다고 말한 것입니다. 그리고 제가 실제 알고 있는 것 이상으로 아는 척을 하지 않는다고 말했죠.

그 직무 평가는 두 가지 점 때문에 기억에 남습니다. 첫째, 제 상사가 다른 부서 직원들에게 좋은 평가를 받은 것은 대단한 일이라고 생각한 거죠. 사실 당시 저는 대학을 갓 졸업한 풋내기였고 상사의 지시만 이행하고 있었거든요. 둘째, 제 직무 평가에서 매우 중요한 부분은 다른 부서 사람들이 제 상사에게 제가 효과적으로 업무를 수행한다고 말한 점이에요.

다른 직원들은 테레사 배넌과 일하면서 자신들이 생산적인 역할을 하고 있다고 느꼈다. 그녀는 P&G 입사 이후 2년 9개월 만에 승진했으며 최연소 브랜드 관리자 가운데 한 사람이 되었다. 그녀에게 주어진 임무는 자기보다 스무 살이 많은 사람들로 구성된 태스크포스 팀을 이끌면서 신제품을 개발하고, 여성용 위생 제품 올웨이즈의 마케팅 업무를 수행하는 것이었다.

71

보보가 되어라

보보는 아래가 무거운 실물 크기의 플라스틱 광대인데 무거운 받침대 위에 서 있다.
그래서 보보를 쳐서 넘어뜨려도 곧바로 튕겨 올라와 바로 선다.
성공한 브랜드 관리자는 보보 같은 탄력성을 갖고 있어야 한다.

전임 마케팅 관리자이자 13년 경력의 브랜드 관리 베테랑은 P&G의 브랜드 관리 시스템이 성공한 이유를 이렇게 말한다. "재능 있고, 동기가 잘 부여되어 있으며, 그리고 동기를 잘 부여할 수 있는 사람을 고용하기 때문입니다. 이러한 사람들은 노력한 게 별로 눈에 띄지 않는다고 말하면 두 배의 노력을 기울일 사람들이죠. 그들은 인정받고 성공하기를 원합니다."

P&G에 근무했던 줄리엔 백은 그의 생각을 다음과 같이 표현했다.

"상사가 몇 가지 의견을 달아 제안 메모를 반려하고, 메모 검토 요청을 7번이나 거부한 상황에서도 포기하면 안 됩니다. 모든 것은 당신에게 달려 있습니다. 저녁 8시 30분까지 기다렸다 상사와 이야기할 시간을 얻기 위해 주차장까지 따라가야 한다면, 이것이 바로 당신이 할 일입니다."

72

어리석은 사람은 규칙에 복종하나 현명한 사람은 규칙을 활용한다

규칙이나 절차, 상사의 지시가 올바른 행동과 갈등을 일으키면, 성공하는 브랜드 관리자는 위험을 감수하고서라도, 우회하거나 정면돌파하는 방법을 찾는다. 만약 브랜드 관리자가 규칙 때문에 올바른 행동을 하거나 성과를 달성할 수 없다면, 새 일자리를 찾는 편이 낫다.

크리스코(Crisco)의 새로운 브랜드 관리자인 스티브 데니스는 상황을 조사해 본 후에 두 가지 결론을 내렸다.

첫째. 크리스코의 매출이 감소하고 있으며 이것을 반전시킬 만한 프로그램이 시행되지 않고 있다. 둘째, 소비자들이 크리스코 요리법 아이디어에 반응을 보일 것이다. 스티브와 브랜드 팀은 주부들이 저녁 식사로 뭘 준비해야 할지 고민하는 낮 시간에 라디오를 통해서 크리스코 요리법을 홍보하자는 아이디어를 내놓았다. 그리고 승인을 얻기 위해 적절한 테스트를 거치는 데 소요되는 6개월 이상의 시간을 생략해야겠다고 결심했다. 그래서 그는 신시내티의 지역 라디오 방송국에서 시범 광고를 해보았다. 그 결과 매출이 기대했던 것보다 열 배나 증가했다.

그는 광고 카피, 광고 제작, 광고매체 선택에 대한 승인을 얻는 데 필요한 명령 계통을 밟지 않았다. 왜냐하면 시범 광고에 불과했기 때문이다. 그러나 당시에 어느 누구도 시범 광고라는 말은 들어 보지 못했다. 스티브가 최초로 그러한 개념을 만들어냈다. 그는 광고 테이프와 결과를 상사에게 제시하면서 "시범 광고 자료입니다. 승인을 바랍니다"하고 말했다. 그는 자기가 해고당할 수도 있다는 점을 잘 알고 있었다. 상급 관리자들은 스티브의 제안을 공식적으로 승인했으며, P&G는 동일한 컨셉에 기초한 텔레비전 광고를 주요 채널을 통해 내보냈다.

73

상사와 의견을 달리한다면
밀어붙여라

상사가 허락하지 않아서 일을 진행하지 못한다면, 그것은 자신에게 문제가 있는 것이다.
상사의 지시로 당신이 동의하지 않는 일을 했지만 결국에 실패한다면, 그것 역시 자신에게
문제가 있는 것이다. 자신이 옳다는 확신을 가져라. 그리고 밀어붙여라.

P&G 경영진은 도전받는 것에 대해 대단히 관대한 편이다. CEO 존 페퍼는 자신이 그 자리에 오기까지 어떻게 회사 경영진이 자신이 하고 싶은 대로 하도록 놔두었는지에 대해 열변을 토했다. 에드 알츠는 "'안 돼'라는 말을 듣는 법"에 관한 메모를 작성하기도 했다. 그는 두려움의 대상이기도 했지만, 부하 직원들이 그의 방식이 최선이 아닌 명백하고 설득력 있는 이유를 제시하면서 그에게 도전하는 것을 좋아했다.

광고 담당 전임 부사장 지비 커리는 '밀어붙이기 기술'은 P&G 문화에서 중요한 요소라고 믿고 있다.

'밀어붙이기 기술'은 하급 직원들로부터 주도권을 빼앗으려는 경영진의 노력에 교묘하게 저항하는 방법입니다. P&G 사람들은 '코치가 시합에 뛰어들면 경기에 진다'라는 격언을 진지하

게 받아들이죠. 오래 전에 가장 똑똑한 젊은 직원 한 명이 회사를 그만두고 닉슨 대통령 재선위원회에 합류했습니다. 그런데 그는 거기에서 오래 버티지 못했습니다. 왜냐하면 그곳의 문화는 그가 P&G에서 배운 것과 아주 정반대였기 때문입니다. 그곳에서는 관리자들에게 문제를 제기하는 것은 충성하지 않는 것이나 마찬가지였습니다. 충성스럽지 않다고 낙인찍히는 것은 죽음을 의미했지요.

그는 워터게이트 사건이 터지기 직전에 재선위원회를 그만두었습니다. 그것은 권력 남용이 얼마나 소름 끼치는 일인가를 보여 준 사례였습니다. P&G에서는 상급자라도 최상의 아이디어와 확고한 데이터를 이길 수 없습니다.

리치 웡이 종이 사업부에서 화장지 퍼프스를 담당하는 브랜드 관리자로 승진했을 때 밀어붙이기가 효과를 발휘했다. 운 좋게도 그가 승진하자마자 퍼프스 개발 팀이 비교적 생산하기 쉬운 라인 확장 제품을 개발했다.

이 제품은 컨셉 테스트와 블라인드 테스트에서 소비자들로부터 좋은 반응을 얻었다. 리치는 그러한 컨셉과 제품이 시험 시장에 공개될 경우, 킴벌리 클라크가 유사 제품을 신속히 출시할 수 있으므로 가능한 한 빨리 전국적으로 제품을 확산시키자고 건의했다. 영업부도 그 건의안을 적극 지지했다. 리치는 시장을 되찾을 다른 방법이 없다고 말했다.

그러나 문제가 생겼다. 상사가 표준 시험 시장에서 성과가 검증될 때까지 제품 출시를 허가하지 않으려고 하는 것이었다. 리치의 상사는 다른 사업부에서 브랜드 관리자로 근무하면서 제품 출시 업무를 성공적으로 수행했다는 평판을 들어 왔고 최근 마케팅 관리자로 승진하여 종이 사업부로 배치되었다. 그는 고속 승진을 했고 새로운 사업부에서 막 업무를 시작한 상황이었기 때문에 위험을 감수할 이유가 없었다. 그리고 P&G 업무 방식에서 볼 때 시험 시장을 통한 검증을 요청하는 것은 지나친 처사가 아니었다. 그러나 리치는 이것이 당시 상황에서는 올바른 행동이 아니라고 보았다.

리치는 라인 확장은 연간 계획의 중요한 부분이었으므로 상사와 자신이 사업부 총책임자와 함께 이 문제를 검토해 보자고 주장했다. 리치는 자신의 의견을 제시할 기회를 갖게 되었다. 그 결과 선적 테스트용으로 일부 시장에 출시하는 것을 승인받았다(선적 테스트는 총책임자가 제품의 제조 및 유통 과정에 결함이 없는지 확인하기 위해 실시한다). 뒤이어 이 제품은 전국적으로 출시되었다. 이 제품의 출시는 성공을 거두었으며 반품이 없었다. 이것은 올바른 행동이었다.

리치는 제품 출시를 고집하면서 많은 위험을 감수해야 했다. 상사와의 관계나 일을 성사시켜야 할 책임보다 더 중요한 것이 위험에 처해 있었다. 바로 다른 모든 부서들이 그에게 갖는 신뢰가 시험대에 오른 것이었다. 그는 다음과 같이 말했다.

> 브랜드 관리자는 사업성과에 목을 매는 사람입니다. 조직에 있는 모두가 그 점을 알고 있습니다. 따라서 당신이 리더라면 모든 사람이 프로젝트에 힘을 쏟게 만들어야 합니다. 포기하고 집으로 간다면 전체 조직, 말하자면 시장조사, 영업, 제품 개발, 제조, 보조 브랜드 관리자들의 사기가 떨어지고, 전체 조직은 브랜드 관리자의 업무 수행 능력에 대한 신뢰를 잃거나 올바른 비즈니스 아이디어를 실천할 수 있는 브랜드 관리자의 능력에

대한 신뢰를 잃게 되기 때문입니다.

긴장이 가득한 시스템에서 브랜드 관리자가 자기 역할을 제대로 수행하지 않으면, 그로 인한 조직의 공백을 관료주의가 슬며시 차지하게 됩니다. 예를 들어 COO인 두르크 야거가 샘플 제공과 광고 지출은 해도 되지만, 할인권 제공이나 판매 수당은 더 이상 안 된다고 선언하면, 그의 승인 없이는 할인권이나 판매 수당을 줄 수 없게 됩니다. 결국 두르크가 좋아하는 것만 해야 합니다. 하지만 브랜드 관리자에게 두드러지게 우수한 제품이 없다면 어떻게 될까요? 문제가 해결될 때까지 시장 점유율을 유지하려면 판매 수당과 할인권에 자신의 돈을 투입해야 합니다. P&G에는 실제 이런 상황에 처한 브랜드 관리자들이 있습니다. 하지만 그들은 상사의 승인을 요청하지 않고 탱크처럼 밀어붙일 것입니다.

다른 기업들에서 브랜드 관리자는 광고와 포지셔닝, 소비자 조사와 판촉 활동을 하는 마케팅 수행자일 뿐입니다. 그들은 생산 책임자나 결정을 내린 누군가에게 달려가서 "나는 동의할 수 없습니다"라고 말하고, 그 결정을 변경시킬 수 없습니다. P&G에서는 브랜드 관리자가 자신의 일을 위해서라면 필요한 누구라도 만날 수 있으며, 과제를 완수할 때까지 지속적인 지원을 얻어낼 수 있습니다. 옳은 일을 위해서라면 예외적인 행동까지도 허용됩니다.

74

창조적 과정을 강화하라

창의력은 브랜드와 관련된 모든 활동, 특히 포장, 광고, 판촉을 수행할 때 중요한 요소다.
브랜드 관리자는 창조적 아이디어를 얻기 위해 다른 사람들에게 의존한다.
따라서 창조적인 과정을 발전시키는 것이 아주 중요하다.

창조적 아이디어는 주관적이며 냉정한 분석으로 평가하기가 쉽지
않다. 창조적 아이디어에는 많은 약점이 있어 비판당하기도 쉽다. 창
조적 아이디어의 장점은 즉시 파악되기 어렵다. 아이디어를 발전시
킨 뒤나 완성된 형태로 실행된 후에야 명확해지기 때문이다. 따라서
창조적인 작업자들은 쉽게 비판에 노출되고 위축감을 느낀다. 그리
고 창조적인 아이디어를 제시하면 비판적 공격을 받을 것이라는 우
려는 창조적인 과정을 얼어붙게 만든다. P&G는 이 점을 이해하기
때문에 그런 상황이 발생하지 않도록 주의를 기울인다.

폴 카딘은 보조 브랜드 관리자로서 광고 카피를 평가하는 것에 대
해 자신이 배운 바를 이렇게 말한다. "광고대행사의 창조적인 작업에
대해 피드백을 제공하기 위해 그들과 상호작용하는 방법이 있습니
다. 그리고 포장 디자인이든 광고 캠페인이든 간에, 테이블의 반대편
에 있는 창조적인 작업자들에게 요점을 전달하고, 그들이 그것을 받

아들일 수 있도록 그러한 창조적인 작업에 대해 사고하는 방법이 있습니다. 나는 여전히 그런 식으로 피드백을 합니다. 하지만 내 주변을 살펴보면 그러한 민감성을 갖고 있는 사람들이 매우 적습니다. 그러나 P&G 사람들과 일할 때마다 그들이 피드백을 특별한 방식으로 다룬다는 점을 알 수 있습니다."

창조적인 작업에 대한 P&G의 피드백은 효과적으로 기능하는 것처럼 보이는 요소들에서 시작한다. 즉, 어떻게 그것들이 효과적으로 전략을 실행하고 창조적인 목표를 달성하고 있는지에 대해 이야기한다. 그런 다음, 효과적으로 기능하는 것처럼 보이지 않는 요소들과 왜 그런지에 대한 진단이 제시된다. 크리에이터의 의도가 분명하다면, 그 점은 평가되고 인정되어야 한다. 만약 보완해야 할 요소들이 있으면 명확하게 제시하되, 어떻게 변화되어야 하는지에 대해서는 말하지 않는다. 피드백을 제시하는 사람은 언제 멈춰야 하는지를 알아야 한다. 가장 중요한 서너 가지 사항만 지적하면 그것으로 충분하다. 모든 사항을 비판하는 것은 창조적인 작업자의 사기를 떨어뜨리고, 비생산적인 결과를 가져온다.

개괄적인 지적

- 이 스토리보드가 전략에 기초해서 만들어졌다는 보조 브랜드 관리자의 의견에 동의한다. 대체로 제스트가 나이와 관계없이 누구나 사용할 수 있는 효과적인 방취 비누이며 쉽게 씻어낼 수 있다는 메시지를 분명하게 전달하고 있다.

장점 언급

- 광고 내용이 특히 효과적이라고 생각한다. 제스트에 사용하는 모양의 비누 거품이 S자 모양일 때보다 더 잘 씻긴다는 내용은 훌륭하다.
- 시각적으로 큰 효과를 주며 광고 흐름과 매우 자연스럽게 어울린다.
- 남자가 샤워할 때 겨드랑이를 씻는 것을 묘사하는 방식도 매우 효과적이다. 또한 캐스팅이 광고를 돋보이게 하는데 이 광고의 캐스팅에 만족한다. 광고가 시작되는 부분에서 남자와 여자가 대화하는 분위기가 서로 잘 어울리는 것 같다. 제스트를 사용하는 것이 잘한 선택인가에 대한 대화에 긴장이 유지되어 있으면서도 여자가 애교 섞인 어조로 말을 하고 있어서 아주 좋다.

효과적이 않거나 개선이 필요한 사항 지적

- 그러나 모델들이 처음에 이야기하는 내용에 대해 약간 걱정이 된다. 이중적 의미를 갖는 임신 테스트라는 단어는 막대 비누 이슈를 제기하는 좋은 아이디어지만, 사람들이 갈피를 잡을 수 없게 만든다. 우리 브랜드와 관련된 문제나 혜택을 지적하는 광고는 좋은 효과가 좋았지만, 도입부에서 단순 관심 유발과 이중적 의미의 말은 일반적으로 효과가 없었다. 또한, 도입부가 상당한 시간을 차지하는 것이 문제다. 광고가 시작되고 15초가 지나야 제품을 볼 수 있다.
- 마지막으로 제스트 제품 라인 중 바디워시 제품을 광고 말미에 소개하는 것은 그리 좋은 생각이 아니라고 본다. 이 제품이 갑자기 튀어나온다는 느낌을 받는다. 가능하다면 시청자에게 제스트의 로고나 요약된 광고내용을 보여주는 게 좋겠다. 제스트 막대 비누의 이야기를 자르지 않고 광고의 주요 부분에 바디워시 제품을 삽입할 수 있는 방법이 없을까? 아니면 바디워시 제품을 별도 광고에서 다루어야 할까?

요약

- 좋은 아이디어가 많으니까 우리가 이러한 문제들을 해결할 수 있기를 바라며, 기본적으로 이 광고는 매우 두드러지고 효과적인 광고가 될 수 있을 것이다.

75

무모한 사람은 되지 마라

기업가 정신은 P&G 브랜드 관리자가 갖춰야 할 필수 요소다.
P&G는 기업가 정신을 높이 평가하고, 기업가 정신을 가지고 주도적으로 행동하는 사람을
중용한다. 그러나 허세를 부리면서 무모하게 행동하는 사람은 브랜드 관리에 적합하지 않다.

일반적으로 기업가는 꿈과 비전을 가진 사람들이다. 이런 꿈과 비전은 대개 직관에 기초하고 있어서, 주위의 사람에게, 특히 분석적이고 직선적인 사고를 하는 사람들에게 항상 분명하게 이해되는 것은 아니다. 기업가들은 정열을 불태우면서 힘 있게 비전을 제시한다. 그들은 대체로 창조적이고, 과감하고, 직관적이고, 위험을 감수하는 사람들이다. 인내심과 끈기가 부족한 기업가들이 더러 있다. 그들의 주도권은 아이디어에 대한 열정에 따라서 좋아졌다가 나빠졌다가 한다. 이런 특성들은 P&G가 요구하는 브랜드 관리자 특성과 일치하지 않는 부분도 있다.

기업가 유형이었던 몇몇 전임 P&G 브랜드 관리자들은 P&G에서 성공한 브랜드 관리자가 되지 못했으며, 오히려 P&G를 퇴사한 뒤에 성공했다. 한 예로 스티브 발머는 P&G에서 매우 짧은 기간 근무한 뒤 퇴사하고 나서 자신의 하버드 대학 동창이자 친구인 빌 게이츠를

도와 마이크로소프트를 설립했다. 나중에 스티브 발머는 마이크로소프트 사의 CEO가 되었지만 P&G에서는 "똑똑하지만 너무 닥치는 대로 일하는 성격이라 함께 일하기 어려운 친구"라는 평가를 받았다.

P&G를 그만두고 회계 관리 소프트웨어 회사인 인투잇을 설립한 스콧 쿡과 AOL을 설립한 스티브 케이스 역시 P&G 시절 동료들로부터 P&G에 적합하지 않은 기업가 유형의 인물로 간주되었다. 스티브 케이스는 P&G에 근무하면서 마지막으로 작성한 메모에서, P&G 메모 작성 과정은 번거롭고 불필요하며, 시간을 낭비하는 것이라고 비난했다.

이러한 예들이 P&G의 방식을 적용해서는 기업가가 성공을 거둘 수 없다는 것을 뜻하는 건 아니다. 사실 〈포브스〉 기사에는 스콧 쿡이 P&G 브랜드 관리자 시절에 배운 마케팅 기법을 인투잇 소프트웨어 제품의 마케팅에 적용했다고 쓰여 있다. 이 기사에서 스콧 쿡은 "P&G의 의사결정은 판단이나 일시적인 생각이 아니라 데이터에 바탕을 두고 있다"고 말하면서 인투잇을 이러한 방식으로 운영했다고 말했다.

76

규범에 따르거나 아니면
게임을 그만두어라

많은 브랜드 관리 직원들이 P&G를 컬트적 문화를 가진 회사로 생각한다.
그것을 자연스럽고 편안하게 받아들이지 못하면 회사에 남아 있기 어렵다.

어떤 사람들은 P&G 방식을 전적으로 받아들인다. 이들은 동료들을 좋아하는데, 동료들이 자신과 똑같기 때문이다. 신시내티에서는 대다수 사람들이 자기 동료들과 똑같은 시간에 출근한다. 이들이 서로에 대해 친근감을 느끼는 것은 매우 자연스러운 일이다.

그러나 반대로 사교 모임의 동질성 때문에 개인의 개성이 제약되고 위협받는다고 느끼는 사람들도 있다. 그들은 사교 생활에서 더 큰 다양성을 원하고 직장 생활과 사교 생활을 가능한 한 분리시키고자 한다.

줄리엔 백은 1980년대에 브랜드 관리 업무에 종사하면서 친구들과 함께 보트를 타러 보스턴에 가곤 했다. 신시내티에 머무는 동안에는 파티에는 물론 가지 않았고 금요일 밤에 동료들이 자주 가는 곳에도 가지 않았다. 줄리엔 백은 회사 동료 이외의 다른 친구들과 어울렸고, P&G 브랜드 관리 업무 종사자들이 준비한 파티나 활동에 참석하기보다는 친구들과 켄터키에서 열리는 양털 깎기 축제 같은 다른 행사에 참여했다. 줄리엔 백은 회사 외부의 일들에 관심을 두고 있었기 때문에 직무 평가에서 P&G에서 장기근속 의사가 있는지 질문을 받아야 했다.

반면 브루스 밀러 같은 사람들은 스스로 "이것은 게임이다"라고 생각했다. 그는 이렇게 말했다. "처음에는 어색하고 거리가 멀게 느껴졌습니다. '이 친구들은 사교 신자들이야'라고 생각했지요. 나는 토요일 아침 오전 10시에 사무실에서 열리는 '쇼 타임'에 갔는데 파티에 참석한 사람들이 온통 자기들이 맡은 브랜드 이야기만 하더군요. 마치 그들 자신이 그들이 맡은 브랜드인 것 같았습니다. 파티에 참석한 사람들은 온통 타이드, 볼드, 치어에 대해서 이야기했습니다. 그러나 그것은 상당이 마음이 상하는 일이었습니다. 사람들은 어떤 것의 일부였고, 그것은 나에게 도전이었습니다. 나는 '이게 게임이라면, 게임을 하면 되는 거지'라고 스스로에게 말했습니다."

브루스 밀러는 3년도 안 되어 브랜드 관리자로 승진했고, 'P&G 게임'에서 이긴 다음 엔터테인먼트 분야로 이직했다. 그는 엔터테인먼트 분야에서 성공을 거두지는 못했지만 그와 같은 게임을 한 것에 대해 만족해 했다. 그는 자신이 죽는 순간이 왔을 때 걱정하기보다는 꿈을 좇았다는 사실에 기분이 좋을 것이라고 말했다. 브루스 밀러는 현재 캘리포니아 주 산타모니카에서 매우 성공한 광고대행사인 수이사 밀러를 운영하고 있다.

P&G는 사원들에게 사무실 밖에서 무엇을 해야 하는가, 누구와 사귀어야 하는가, 어디서 살아야 하는가, 또는 어떤 종류의 차를 가져야 하는지에 대해 전혀 강요하지 않는다. 그러나 사내에서는 기본적인 규범들을 지켜야 한다.

과거에는 지금보다 더 강력하게 사무실 환경과 분위기에 맞는 행동과 태도를 취하도록 요구했다. 전직 P&G 사람들은 상사들이 부적절한 복장과 헤어스타일과 관련하여 지적한 것들에 대해서 이야기하곤 한다. 열성적으로 일하지만 승진하지 못한 중간 관리자가 있었다. 그는 사내에서 턱수염을 기른 유일한 사람이었다. 그런데 그가 수요일에 턱수염을 깎았다. 그리그 목요일에 승진했다. 이 일을 통해 회사의 메시지가 직원들에게 분명하게 전달되었다.

현재 P&G는 규범을 준수하는 데 예전만큼 많은 노력을 기울이지 않는다. 많은 남자 직원들이 턱수염을 기르고 있고 캐주얼 복장이 허용되고 있다. 이것은 행동과 복장에 관한 규범이 폐지되었음을 뜻하는 것이 아니다. 업무 활동에 지장을 주거나 회사 규범에 대한 저항을 나타내는 복장이나 행동은 회사의 이익에 반하는 것으로 여긴다. 머리카락을 자줏빛으로 염색하거나 코걸이를 한다면, P&G에서 브랜드 관리자가 될 수 있는 기회는 영영 찾아오지 않을 것이다.

복장 규범과 같은 규범들이 완화되기는 했지만, P&G는 업무 수행 방식에 대해서는 철저하게 규범을 적용하고 있다. 직원들은 정시에 출근하여 열성적으로 근무해야 한다. 회사는 브랜드 관리자에게 늦게까지 일할 것을 기대한다. 회사는 브랜드 관리자가 리더십을 발휘하여 업무를 추진하고 개인의 직무 성과를 지속적으로 개선할 것을 기대한다. 또한 회사는 브랜드 관리자가 P&G의 커뮤니케이션 방법, P&G 메모, 올바른 행동, 업무 추진, P&G 문화의 다른 모든 요소들에 순응할 것을 기대한다. P&G에서 성공한 사람들은 업무 규범을 준수한 사람들이다. 그런데 이런 업무 규범들은 다른 사업 분야에서도 적용할 수 있을 만큼 효과적인 것들이다.

6부

성공적인 출시와 마케팅

브랜드 팀은 수많은 소비자 조사에 기초해서 제품에 이름과 얼굴을 부여하고, 새 브랜드를 경쟁 환경 내 어느 위치에 밀어 넣을지를 결정한다. 또한 소비자가 브랜드에 대해 어떤 느낌과 생각을 갖게 할지 결정한다. 그런 다음 마케팅 계획을 세우고 매출목표와 예산, 광고 및 판촉 전략을 수립한다. 이러한 계획은 시험 시장에서 시험되며, 목표가 달성될 경우 계획이 확장된다. 시장 변화에 대응하여 브랜드에 대해 배우고 다듬으며, 새로운 마케팅 방법을 설계하는 과정이 반복된다.

| 제품을 브랜드로 전환하기 |

브랜드 네임은 단순하고 독특해야 한다. 포장은 잘 기억할 수 있
어야 하며, 포장을 디자인할 때는 진열 효과를 고려해야 한다.

77

단순하고 독특한 이름을 골라라

이름은 브랜드가 되지만, 브랜드는 이름이 되지 않는다.

"이름에는 무엇이 있는가? 우리가 장미를 다른 이름으로 불러도 여전히 달콤한 향기가 난다."

– 셰익스피어의 『로미오와 줄리엣』 중에서

아이보리, 크리스코, 타이드, 볼드, 크레스트, 팸퍼스, 다우니, 캐스케이드, 돈, 프렐, 체스트와 같은 P&G 브랜드명은 일반적으로 한 두 음절 길이의, 발음하기 쉽고 독특하며 기억하기 쉬운 이름들이다. 이러한 브랜드명들에는 브랜드의 편익을 알리는 데 도움이 되는 의미들이 포함된 경우가 있다. 예를 들어 다우니는 부드러움을 뜻하고, 팸퍼스는 '돌본다' 는 의미와 '편안하다' 는 의미를 갖고 있다.

P&G는 일반적인 브랜드명은 멀리한다. 이를테면 클린 앤 마일드 같이 제품의 특징만을 설명하는, 독특함을 결여한 이름은 사용하지 않는다.

78

포장은 브랜드의 얼굴이다

브랜드 로고와 포장 디자인이 결합해서 브랜드의 시각적 상징을 형성한다.
포장은 텔레비전과 인쇄 광고에서 시그너처로 사용되며, 소비자가 쇼핑하면서 보게 되는 것이다.
타사 제품과 차별화된 P&G의 포장은 개성이 있으며 식별하기 쉽고 혼란스럽지 않다.

P&G의 포장디자인 팀을 여러 해 동안 이끌었던 돈 베이커는 이렇게 말한다. "포장은 브랜드의 얼굴이며 잘 기억할 수 있어야 합니다. 소비자가 브랜드를 이야기할 때에는 포장을 떠올리므로 포장을 바꿀 때는 주의를 기울여야 하죠. 브랜드는 소비자가 상점 진열대에서 금방 알아볼 수 있는 얼굴을 가지고 있어야 합니다."

P&G는 디자인을 할 때 브랜드 포지셔닝과 일관성을 갖게 하려고 노력한다. 타이드의 그래픽은 힘과 막중한 임무를 상징한다. 팸퍼스와 차민(Charmin) 포장에 나오는 아기는 부드러움을 연상하게 한다. 미스터 클린(Mr. Clean)의 병 모양은 미스터 클린 캐릭터의 팔짱 낀 자세를 보여 주며 제품의 강점을 생각나게 한다.

일부 브랜드는 단어나 다소 과장된 문구를 사용하여 브랜드 포지셔닝과 관련한 보다 분명한 의미를 전달하려고 한다. 차민의 "아주 부드러운"이나 바운티의 "더 빠르게, 더 깨끗하게"라는 문구를 예로

들 수 있다. 그러나 P&G는 대부분의 포장에서 '판촉 카피'를 사용하는 것을 가능한 한 자제한다.

　P&G 포장의 브랜드 로고는 읽기 쉽다. 브랜드 로고를 다른 디자인 위에 겹쳐서 인쇄한다. 그리고 검정색 로고 형태는 흰색 윤곽선으로, 흰색 로고 형태의 경우는 검정색 윤곽선으로 처리한다. 디자인은 매우 단순하며 몇 가지 두드러진 색만을 사용한다.

79

진열 효과를 고려해 디자인하라

P&G는 포장 디자인을 할 때, 몇 가지 안을 만들어서 진열했을 때 어떻게 보일지 확인한다.
경쟁 제품과 뒤섞여 있을 때 얼마나 눈에 띄는지를 알아보기 위해서다.

두드러진 색깔, 단순한 그래픽, 깔끔한 포장은 모두 포장의 시각적
효과를 극대화한다. 헤드 앤 숄더, 퍼트 플러스, 바운티 타월의 포장
용기 그래픽은 훌륭한 예다. 두드러진 한 가지 색깔도 시각적 효과를
낼 수 있다. 식료품점에 가면, 타이드 포장의 오렌지색이 다른 세제
포장 용기의 침침한 색깔과 어떻게 구별되는지 살펴보라. 또는 올웨
이즈 브랜드의 파란색 포장 용기가 여성 위생용품 코너에서 얼마나
두드러져 보이는지 살펴보라. 그리고 흰색 바탕이 크레스트 라인 제
품들을 얼마나 돋보이게 하는지 살펴보라.

진열 효과를 위한 노력은 때때로 일관성 있는 포지셔닝과 갈등을
일으킨다. 돈 베이커는 이렇게 말했다. "강력한 진열 효과를 가져야
한다. 그러나 향수, 화장지, 로션과 같이 부드러움을 강조하는 제품
의 경우는 튀는 포장 디자인을 하기가 어렵다."

매장에서의 진열 효과는 한 브랜드의 여러 버전들을 디자인할 때

도 고려되어야 한다. 이러한 경우 디자인 목표는 지배적인 시각적 요소의 전반적 공통성을 유지하는 동시에 소비자가 브랜드의 버전들을 쉽게 식별할 수 있도록 하는 것이다.

소비자 통찰을 찾아내라

제품 성능은 마케팅 전략 및 광고 전략 수립의 출발점일 뿐이다.
소비자 통찰은 어떻게 브랜드 편익을 가장 의미 있고 믿을 만한 방식으로 전달할지,
어떤 소비자가 가장 수용적일지를 결정하는 데 도움이 된다.

브랜드의 편익을 직접 제시하거나, 아나신(Anacin)의 "빠르고!, 빠르고!, 빠른 통증 완화!"와 같은 주입식 광고가 꼭 잘못된 것은 아니다. 일부 P&G 광고는 브랜드의 성능과 편익을 매우 직접적으로 제시한다.

그러나 소비자 통찰(consumer insight)은 브랜드 편익을 좀더 매력적이고 흥미진진하게 전달하는 방법으로 이어질 수 있다. 소비자 통찰을 찾아낸다는 것은 소비자의 결정적인 관심사를 찾아내는 것을 뜻한다. 이를 위해 표적집단 조사가 자주 사용된다.

소비자가 브랜드의 편익에 대해 생각하게 하는 최선의 방법은 무엇인가?
예를 들어 시장조사를 하면 전형적인 섬유 유연제 사용자는 가족을 위해 모든 일을 최대한 열심히 하는 주부들이라는 사실을 알게 된다. 따라서 섬유 유연제인 다우니 브랜드 팀과 광고대행사는 독립적

이고 모든 것을 자기 힘으로 해결하는 슈퍼맘을 광고 컨셉으로 사용하는 데 주저하게 된다. 그 대신 남편이 아내의 팔을 어루만지거나 아내를 사랑하고 고맙게 여긴다는 내용을 표현하는 광고를 고려하게 된다. 다우니를 사용하는 것이 가정주부로 하여금 가족을 위해서 뭔가 특별한 일을 하고 있다고 느낄 수 있게 한다는 통찰이 다우니 광고의 핵심에 있다.

지프(Jif) 땅콩버터는 최고의 땅콩을 사용해서 다른 크림 브랜드 보다 훨씬 고소한 맛이 나는 제품이다. 여기에서 가장 중요한 통찰은 소비자인 엄마들이 아이들이 먹는 것을 염려하고 있으며, 지프를 선택함으로써 더 좋은 엄마로 인정받을 수 있다는 것이다.

팬틴 샴푸와 컨디셔너는 머리카락에 영양을 공급해 준다. 여기에서 통찰은 윤기 있는 머리카락은 모두가 바라는 속성이며, 윤기 있다는 것은 건강한 머리카락과 관련 있다는 점이다. 전 세계적으로 팬틴은 건강해서 윤기 있는 머리카락을 의미한다.

베이퍼러브(VapoRub) 연고는 흉부 냉증을 완화시켜 준다. 베이퍼러브는 엄마와 아이 사이의 사랑의 상호 작용을 위한 촉매일 수도 있다. 따라서 P&G는 "감촉 요법, 빅스 베이퍼러브가 제공해 드립니다"라고 광고한다.

브랜드가 어떤 세분 시장에서 가장 큰 호소력을 지니는가?

오일 오브 올레이는 젊어 보이게 하는 제품이 아니라 나이와 상관없이 최선의 상태로 보이게 하는 제품이다. 그래서 광고를 통해 중년여성들이 현재 자신의 모습에 대해 편안함을 느끼게 하는 데 중점을 두었다.

P&G가 10대를 상대로 "한 번 시작하면 못 말려"라는 광고를 시작

한 뒤에 프링글스의 매출이 급성장했다. 이 광고를 통해서 소비자는 프링글스에 대해서 달리 생각하게 되었다. 즉 소비자는 프링글스를 먹는 재미가 있는, 맛 좋고 현대적인 제품으로 인식한 것이다.

브랜드가 광고에서 이야기하는 것과 똑같은 효과를 낸다고 믿게 하는 방법은?

광고에서 이야기하는 브랜드 편익이 실제 사실이라는 믿음을 소비자에게 주기 위해서 몇몇 소비자 통찰을 이용할 수 있다.

예를 들어, P&G는 옥시돌 세제에 표백 결정체를 첨가하면서 그 색을 녹색으로 했다. 녹색으로 한 것이 제품 기능에 어떤 향상을 가져다주는 것은 아니었다. 그러나 P&G는 소비자가 제품이 다르다는 모종의 표시를 필요로 한다는 통찰을 가졌기 때문에 녹색의 결정체를 첨가했다. 이는 마케팅 커뮤니케이션의 한 형태로서, 소비자가 옥시돌 브랜드를 사용할 때 이 제품이 옷을 더 깨끗하고 하얗게 만든다고 느끼도록 한 것이다.

충치 예방 치약과 같이 소비자가 편익을 쉽게 인식하기 힘든 경우에는 소비자의 제품에 대한 신뢰가 더욱 중요하다. 충치 예방 작용은 보거나 느낄 수가 없으며, 충치 예방 치약을 오랫동안 사용하지 않고는 충치 예방 치약의 효과를 알 수 있는 방법이 없다. 따라서 유사한 편익을 내세우는 경쟁 브랜드의 주장보다 특정 제품의 주장을 믿어야 할 이유가 없는 것이다.

P&G는 미국 치과의사협회(ADA)로부터 크레스트 치약의 충치 예방 효과를 인정받았는데, 이는 쉽게 식별하기 힘든 성능을 소비자들이 믿도록 하는 것의 중요성을 보여주는 고전적인 예다.

P&G는 인디애나 대학교 연구원들과의 협력을 통해서 주석 불소를 함유하고 있고 어린이들의 충치 발생률을 거의 절반 정도로 줄인

치약을 개발했다. 이것은 놀라운 소비재 분야의 승리였고 크레스트라는 이름으로 시판되었다. 크레스트는 1955년 시험 시장에 출시되어 시장 점유율 12퍼센트를 기록했다. 이것은 전국적 판매를 실시하기에 충분한 점유율이었지만, 소비자에게 획기적인 편익을 제공하는 제품이라는 점에 비추어 보면 실망스러운 결과였다. 노먼 록웰의 그림과 함께 "엄마, 보세요. 충치가 없어요"라고 말하는 크레스트 광고는 제품의 편익을 분명히 알렸고, 광범위한 주목을 받았다.

하지만 소비자들이 그러한 편익을 경쟁사들의 주장에 비해 더 신뢰할 이유가 없었다는 점이 문제였다. 비록 경쟁사들이 특허를 받은 크레스트의 주석 불소 공식을 사용할 수는 없었지만, 불화나트륨을 함유한 제품을 출시하면서 충치를 감소시키는 효과가 있다고 광고했다. 전국적으로 크레스트는 10퍼센트 정도의 시장 점유율을 얻는데 그쳤다.

P&G는 크레스트 치약을 시험 시장에 출시한 것과 동시에 임상 실험 자료를 미국 치과의사협회(ADA)에 제출했으나 ADA의 인증을 얻기까지 6년이라는 긴 시간이 걸렸다. ADA 인증을 통해 소비자들은 크레스트 치약의 충치 예방 효과를 믿게 되었고, 크레스트라는 브랜드를 애용하게 되었다. 드디어 매출은 세 배나 늘어났고 크레스트는 미국의 선도적인 치약 브랜드인 콜게이트를 추월했다.

| 시장 진입 |

시장에서 첫 번째가 되고, 시장을 지배하는 것이 중요하다. 하지
만 그보다 더 중요한 것은 올바르게 행동하는 것이다.

31

시장을 지배할 계획을 세워라

지배적 브랜드는 강력한 존재감을 확보하고 소비자로부터 신뢰를 받으며,
소매업자 역시 선호한다. 마케팅 투자 대비 수익이 줄어들면 다른 기업들은
대개 지출을 멈추지만 P&G는 지배력을 갖기 위해 계속 투자한다.
우월한 제품이라면, 시장 주도자가 될 자격이 있다. 지배력을 갖는 것이 곧 승리하는 것이다.

P&G가 브랜드를 시장에 출시할 때, 샘플 배포는 출시 프로그램의
일부이다. 샘플 배포는 무척 비용이 많이 들어가는 마케팅 수단이므
로, 에리얼의 경우 샘플 배포는 전체 가구의 40퍼센트(충성 고객이 될
것으로 생각되는 소비자 가정)로 제한되었다. 샘플 프로그램은 크게 성
공을 거두었고, P&G는 추가로 20퍼센트의 가정에 샘플을 배포했다.
이것 역시 성공적이었으며 마침내 P&G는 모든 가정을 대상으로 샘
플을 배포했다. 그것은 가장 효율적인 마케팅 프로그램은 아니었지
만 가장 효과가 컸다. 그 결과 에리얼은 지배적인 브랜드가 되었다.

다른 기업들의 경우, 마케팅을 할 때 수익을 내는 만큼만 지출하려
는 경향이 있다. 선행 투자를 많이 하지 않기 때문에 브랜드를 전국
적으로 출시하기 전에 철저한 시험 마케팅을 실시하거나 마케팅 계
획을 세부적으로 조정할 필요성을 크게 느끼지 못한다. 마케팅 투자
의 수익률을 지배력보다 더 중요하게 생각한다.

82

시장에서 첫 번째가 되겠다는 계획을 세워라

제품 카테고리에서 첫 번째로 출시된 브랜드가 대체로 선도적 브랜드가 된다.
제록스, 코카콜라, 클리넥스는 제품 카테고리를 개척한 브랜드였다. 타이드, 팸 퍼스, 크레스트도
개척 브랜드였고, 시장 점유율이나 소비자 인식 측면에서 지배적인 지위를 누리고 있다.

P&G는 시장 선점 기업의 이점을 얻기 위해서 아이디어나 계획을 공개하는 것을 매우 조심스러워한다. 스티브 스롤러는 보조 브랜드 관리자 시절 처음으로 맡은 브랜드인 타이드 시트(Tide Sheets)를 테스트하는 과정에서 특별한 보안 조치를 취했다. 타이드 시트는 바운스와 비슷한 형태지만 세제, 표백제, 섬유 유연제가 포함되어 있는 제품이었다. 브랜드 팀은 사무실을 사용하지 않을 때에는 사무실 문을 잠그고 나왔다. 쓰레기통조차 없었고 서류 세단기만 있었다. P&G는 그 제품을 공장에서 시험 시설까지 운반할 때 아무런 표시가 없는 트럭을 이용했고 경비대의 호위까지 받았다. 그러나 이러한 작업들이 모두 물거품이 되고 말았다. 소비자가 시험 시장에서 이 제품을 거부했던 것이다.

P&G는 아이디어를 실제 시장의 경쟁에 내놓기 전에 최대한으로 아이디어를 시험한다. 소비자를 상대로 제품 테스트와 컨셉 테스트

를 실시하는 것 외에 소비자가 조사기관에 설치된 가상 식료품점에서 제품을 구매할 기회를 갖도록 하는 시뮬레이션 시장 시험을 광범위하게 이용한다.

경우에 따라서, P&G는 시장에서 첫 번째가 되기 위해 계산된 위험을 감수하기도 한다. 전직 직원인 존 칼룬은 P&G가 시장에서 첫 번째가 되는 것을 얼마나 중시하는지를 경험한 적이 있다. 이는 P&G의 브랜드 관리 시스템이 어떻게 작동하는지 알 수 있는 좋은 예다.

우리는 바운스 브랜드의 얼룩 제거 기능 확장 제품을 개발했는데 시험 시장에서 처음 몇 달간 그리 좋은 성과를 얻지 못했죠. 나는 보조 브랜드 관리자로서 그 원인을 파악하는 임무를 맡게 되었습니다.

나는 마침내 제품이 마케팅 계획과 일치하지 않는 몇 가지 근본적인 이유를 찾아냈습니다. 예를 들어, 옷에 묻은 얼룩이 제거되려면 제품을 여러 번 사용해야 해서 그 편익이 곧바로 인식되기가 어려웠어요. 그러나 제품을 여러 달 동안 사용해 온 사용자들을 대상으로 표적집단 조사를 했을 때, 그들은 정말 빠지기 어려운 얼룩까지 모두 없어졌다면서 신기해했습니다.

시험 시장 마케팅 계획에는 1회용 샘플만 포함되어 있었기 때문에, 우리는 여러 번 사용할 수 있는 샘플을 만들고 좀더 지속적인 광고를 할 필요가 있다고 결론지었습니다. 그것은 비용이 많이 드는 계획이었고, 검증되지 않은 것이었죠. 그러나 우리는 당시 유니레버의 섬유 유연제 스너글과 치열한 경쟁을 벌이고 있었고, 스너글이 시장을 잠식해 오고 있었기 때문에 전국적인 출시를 해야 한다고 건의했습니다. 유니레버는 많은 시간을 들여서 독자적인 얼룩 제거 제품을 개발하고 있었습니다. P&G가 전국적인 출시를 하지 않는다면, 그 시장에서 첫 번째 가 되고, 이 제품 카테고리에서 지배력을 되찾을 기회를 잃을 것이 뻔했습니다. 우리 부서 사람들은 너나 할것 없이 경영진에 게 전국적인 출시를 건의했고, 흥미롭게도 경영진을 만나는 사 람마다 전국적 출시를 강력하게 옹호했습니다. 결국 우리는 전 국적인 출시를 했고, 1년 뒤 50퍼센트의 시장 점유율을 달성할 수 있었습니다.

83

첫 번째가 되는 것보다
올바르게 행동하는 것이 중요하다

P&G는 전국적 출시를 실행하기 전에 최대한 위험을 제거하려고 한다.
계획한 모든 단계를 철저하게 거치며, 시험 시장에 브랜드를 출시하고 나서
성공이 사실상 확실해지기 전까지는 전국적 출시를 하지 않는다.

"이러한 조직 환경에서는 때로 좋은 아이디어를 놓칠 수 있지만
나쁜 아이디어는 거의 살아남기 어렵다."

– P&G 전 회장 브래드 버틀러

때때로 P&G는 얼룩 제거 기능의 바운스처럼 브랜드가 시험 시장
에서 성공적인 것으로 결정적으로 입증되기 전에 전국으로 판매를
확대하기도 한다. 그러나 이것은 예외적인 경우다. P&G는 시험 시
장에 출시한 후 성급하게 전국으로 판매를 확대했던 브랜드들을 통
해 신중할 필요가 있다는 값비싼 교훈을 얻었다.

한 예로 1983년 P&G는 캔자스시티에서 소프트 쿠키 던컨 하인스
를 시험 판매했다. 몇 달 만에 P&G는 시험 시장에서 30퍼센트가 넘
는 시장 점유율을 달성했다. P&G는 전국으로 판매를 확대했지만,
나비스코가 이미 전국 시장에서 올모스트 홈이라는 15가지 향의 소

프트 쿠키를 출시한 상황이었다. 결과적으로 나비스코의 전국적인 시장 점유율은 36퍼센트로 뛰어올랐고, 던컨 하인스 소프트 쿠키는 전국 시장에서 5퍼센트를 차지하는 데 그쳤다. P&G가 시장에서 첫 번째가 되기 위해서 판매를 좀더 일찍 전국으로 확대했어야 할까?

그렇지 않다. P&G는 전국으로 판매를 확대하지 말았어야 했다. 소비자들은 곧 크런치 초콜릿칩 쿠키로 몰려갔고, 소프트 쿠키는 역사상 가장 빨리 사라진 유행 가운데 하나가 되었다. 던컨 하인스 소프트 쿠키도 나비스코의 올모스트 홈도 현재는 시장에서 사라졌다.

프링글스 또한 비슷한 경험을 했다. 프링글스가 시험 시장에 출시된 지 얼마 안 되어서, P&G는 프링글스의 판매를 전국으로 확대하기 위해 자본 지출을 감행했다. 전국적인 출시를 한지 9개월 정도 지나자 프링글스는 시장에서 구석으로 밀려났고 매출은 장기 하락 추세를 보였으며, 이러한 하락 추세는 7년 동안이나 계속되었다. P&G는 프링글스가 초기에 거둔 성공에 과잉반응을 보여 맛 피로도(taste fatigue) 효과를 확인하는 데 충분한 시간을 들이지 않았던 것이다. 궁극적으로 프링글스는 성공을 거두었지만, 당시의 전국적인 출시는 매우 값비싼 실수였다.

| 효과적인 텔레비전 광고 |

이해하고 기억하기 쉬운 광고를 선호하는 P&G는 오랫동안 DAR(day-after-recall) 조사를 광고 효과를 측정하는 유일한 도구로 사용해 왔다. 광고에 대한 최상의 반응은 광고를 본 후 구매하려는 마음이 생기는 것이다. P&G는 시험 광고에 대한 시청자의 의견에 주의 깊게 귀 기울인다. 소비자들은 "호소력 있다", "사고 싶은 마음이 들게 한다", "놀랍다" 같은 식의 표현을 통해 호의적인 반응을 보이는 경향이 있다.

84

브랜드의 편익을
노골적으로 드러내라

모든 P&G 광고는 소비자 편익에 초점을 맞춘다. 편익은 이해하기 쉽고 분명해야 한다.
광고의 모든 요소는 그러한 편익의 전달을 강화해야 한다.

폴저스 커피 광고는 광고가 시작될 때부터 끝날 때까지 폴저스의
편익을 명확하게 강조하고, "잠을 깨우는 최선의 방법, 한 잔의 폴저
스"라는 광고 카피로 폴저스의 편익을 요약한다.

전형적인 폴저스 광고는 남자가 아침에 일어나는 장면에서 시작한
다음 커피 병이 열리고 병에서 커피를 꺼내 끓이는 장면으로 넘어간
다. 남자가 일어나면서 커피 향을 맡고 커피의 맛과 자극을 기대하며
미소 짓는다. "세계에서 가장 커피가 많이 생산되는 지역"에서 난 커
피 열매 장면이 나오면서 그 커피가 좋은 이유를 설명한다. 그런 다
음 남자는 가족이나 친구들과 함께한 자리에서 커피를 즐긴다. 이 역
시 기분 좋게 잠을 깨는 장면의 일부다. 광고의 모든 장면은 즐겁게
잠을 깨는 경험을 표현하는 데 사용된다.

P&G는 광고에서 이미지를 사용하는데, 폴저스 광고에도 이미지
가 실린다. 하지만 이미지는 커피의 편익을 대체하는 것이 아니라 강

조하기 위해 사용된다. 소위 말하는 이미지 광고는 브랜드에 관한 독특한 분위기(aura)를 만들어내거나, 소비자들이 그들 자신과 제품을 동일시하도록 유도한다. 이미지 광고는 대부분의 P&G 광고보다 덜 직접적이다. 예를 들어, 나이키는 브랜드와 유명한 운동선수들을 연관 짓는 데에만 수백만 달러를 쓴다. 나이키 광고에서는 어떤 제품의 편익도 명백히 표현되지 않는다. 그들은 브랜드에 관해 이야기하지 않는다. 심지어 제품이나 포장조차 보여주지 않는다. 광고 말미에 그저 '나이키 로고'만 등장한다. 나이키의 이런 광고가 반드시 잘못된 것은 아니다. 그러나 P&G는 다른 방식으로 광고한다.

85

관심을 끄는 내용으로
광고를 시작하라

텔레비전의 광고 시간은 종종 화장실에 다녀오거나 채널을 돌려보는 좋은 기회이다.
광고의 도입부는 그러한 표적 시청자를 즉각적으로 사로잡아야 한다.
그리고 그것은 제품의 편익이나 편익이 해결하는 문제와 직접적으로 연관되어야 한다.

P&G 광고들은 전형적으로 해결해야 하는 문제나 상황을 구두로 이야기하면서 시작된다. 전제가 되는 것은 광고가 그것이 겨냥하는 청중과 관련성을 가져야 한다는 점이다. 이렇게 시작하면서 구두로 이야기하는 부분이 도입부의 핵심이다. 그리고 광고의 시각적인 부분은 시청자들로 하여금 현재 말을 하고 있는 주부나 진행자, 또는 말해지는 내용과 관련된 장면에 시선을 집중하도록 지원하는 중요한 역할을 한다. 시청자는 무슨 내용인지 금방 알아차리게 된다. 도입 문구의 예는 다음과 같다.

- "우리 집안의 막내딸인 저는 물려받은 옷만 입고 자랐어요."
  (타이드)
- "게인의 'Show and Smell Challenge'에 참가하려고 애틀랜타에 왔습니다."(게인)

- "우리 가족이 얼룩에 대한 책을 썼습니다."(울트라 비즈)
- "빨래를 말릴 때마다 다우니가 주는 부드러움을 느낄 수 있어요."(다우니)
- "당신이 요리를 하다니 정말 기분 좋아요. 그런데 그렇게 하면 안돼요."(돈)
- "아휴 지저분해라! 전화 좀 해야겠다."(미스터 클린)
- "비달 사순 아카데미에서 손상된 머릿결에 사용할 수 있는 신제품을 발표했습니다. 머릿결이 손상된 경우라면……."(비달 사순)
- "금메달리스트 미아 햄의 머릿결은 90분간이나 손상을 입습니다. 그런데 90초면 머릿결이 원상태로 되돌아옵니다."
  (퍼트 플러스)
- "내가 헤어스프레이 쓰는 거 싫어하는 거 알고 있지. 정말 싫어."(팬틴)
- A : "이봐 애니!"
  B : "안녕."
  A : "모자 예쁜데."
  B : "모자를 써야 해. 머리카락이 엉망이야. 비듬 좀 봐"
  (헤드 앤 숄더)
- "땀제거제를 사용해 본적이 있나요? 뭔가 부족한 게 있죠?
  (시크리트)
- "미국 전역의 가정을 상대로 비누를 혁신적인 가정용 스킨 케어로 바꾸라고 부탁했습니다. 아이보리의 뉴 모이스처 케어를 소개합니다."(아이보리)
- "주름을 없앤다고 이야기하는 제품은 많아요. 어떤 제품을 사용하실 거죠?"(오일 오브 올레이)

- "여드름 때문에 고생이 심해서 좋다는 비누는 다 써봤지만, 얼굴은 여전히 기름기가 많고 지저분해요."(클리어라실)
- "사는 건 복잡해도 메이크업은 간단하게."(커버 걸)
- "우리 몸에서 살이 찌면 안 되는 데가 있죠? 속눈썹 말이에요." (맥스 팩터)
- "약 냄새가 심한 민트향 구강 청정제 때문에 입에서 약 냄새가 난 적이 있나요?"(스코프)
- "불행하게도 이 여성들은 밤새 비행기를 타셨군요. 거기다 감기까지?"(빅스코프 시럽)
- "엄마의 감촉은 아이에게 편안한 느낌을 줍니다. 과학자들은 이것을 감촉 요법이라고 부릅니다."(빅스 베이퍼러브)
- "패드가 두꺼울수록 좋다고 생각했는데 알고 보니까 아니더라구."(올웨이즈)
- "아기 기저귀를 갈아 줄 때마다 아기를 좀더 깨끗하게 씻어 주고 싶은 적은 없나요?"(팸퍼스 베이비 프레시)
- "이렇게 지저분한데 스펀지를 사용하고 싶지는 않겠죠?" (바운티)
- "우리 가족은 언제나 요리를 하죠. 요리는 바로 자신을 표현하는 방법입니다."(크리스코 오일)
- A: "그 포테이토칩 맛있어요?"

  B: "포테이토칩? 얼마나 맛있는데.

  A: "그렇게 맛있어요?"

  B: "그럼."

  A: "아무리 먹어도 살이 안찌는 거야.

  (웃음) "와."(프링글스)

86

문제가 아니라
해결책을 강조하라

문제 해결 광고에서 문제는 소비자와 관련성이 있어야 하고,
브랜드가 제공하는 해결책을 제시하기 위해서만 사용되어야 한다. 문제를 너무 오랫동안
강조하거나 극적인 문제를 사용함으로써 문제가 광고를 압도하도록 해서는 안 된다.

대다수 P&G 광고는 해결책이나 편익을 제시하는 데 필요한 만큼만 문제에 시간을 할애한다. 때때로 광고가 효과적이지 않은 경우는 문제를 너무 강조하거나 문제가 관련성이 없을 때이다.

예를 들어, 바운스 섬유 유연제 광고는 사람들이 옷에 있는 정전기 때문에 애를 먹는 상황을 보여 줌으로써 사람들에게 깊은 인상을 주었다. 그러나 그 광고는 시장에서 효과가 없었다. 그래서 P&G는 광고를 수정하여 정전기 문제를 덜 강조하고 바운스를 사용한 결과 정전기가 제거된다는 점에 초점을 맞추었다.

문제를 부적절한 방향에서 강조한 또 다른 예로는 스픽 앤 스팬(Spic and Span) 광고가 있다. 스토브 버너 밑에 덕지덕지 묻어 있는 음식 찌꺼기를 강조 한 스픽 앤 스팬 광고는 광고 후 회상 시험에서 좋은 결과를 보여 주었지만, 시장에서는 전혀 효과가 없었다. 브랜드 팀과 광고대행사는 소비자들과 1대 1 인터뷰를 실시하여 광고에서

강조한 문제가 소비자와 관련성이 없다는 결론을 내렸다. 소비자들은 스토브 버너 밑을 정기적으로 청소하여 그러한 문제가 발생할 가능성이 없었고, 그렇게 하지 않는 주부는 제대로 된 주부가 아니라고 생각하고 있었다.

처음 8초 안에 포장을 보여주어라

광고에서 브랜드 편익이 제시되기 전에 먼저 브랜드가 시청자의 머리 속에 들어가
있어야 한다. 미국에서 방송된 P&G의 51개 브랜드들에 대한 텔레비전 광고들을 검토한 결과,
광고의 75퍼센트가 8초 안에 브랜드 이름을 제시하고 있었다.

P&G 광고의 20퍼센트는 광고가 시작되는 순간 또는 5초 안에 브랜드를 소개하고 있다. 대부분의 광고들은 도입부에서 문제나 광고 상황이 묘사되기 전까지는 브랜드를 소개하지 않는데 반해, P&G 광고의 경우는 소개하기까지 시간이 얼마 걸리지 않는다. P&G의 몇몇 광고들은 광고가 시작하자마자 화면 우측 하단에 브랜드 로고를 넣기도 한다.

광고의 스토리와 브랜드를
연결시켜라

광고와 브랜드를 연결시킬 기회를 찾아라.
그러면 광고의 스토리나 브랜드의 편익이 어떤 다른 브랜드와도 혼동되지 않을 것이다.

광고에서 초반에 브랜드를 소개하는 것은 브랜드와 광고를 연결시키는 한 가지 방법이다. 브랜드명을 몇 차례 되풀이해서 보여 주는 것이 도움이 된다. 브랜드명을 독특하게 사용하는 것도 도움이 된다. 이를테면, 서니 디라이트에 대해서는 '서니 D' 라는 닉네임을 사용하거나 "다우니만이 최상의 선택입니다", 또는 "더 깨끗하고 더 뽀송뽀송합니다. 올웨이즈", 또는 "팸퍼스로 아가 피부를 보호해 주세요"처럼 끝맺음 문구에 브랜드명을 넣는 것이다. 일부 광고는 브랜드명을 실제 상황 속에서 보여주기도 한다.

P&G 광고는 경쟁 제품 이름을 거의 언급하지 않는다. 경쟁 제품 이름을 언급하면, 시청자가 브랜드명을 혼동하고, 광고에서 제시된 편익과 경쟁 브랜드를 연관시킬 우려가 있다. 광고에서 보여 주는 경우에도 경쟁 브랜드를 '표백 기능이 있는 주요 액상 세제' '프리미엄 세제' '다른 주요 액상 세제' 또는 '일반 샴푸' 등으로만 간단하게

언급한다.

광고에 브랜드와 관련된 캐릭터가 등장하는 경우, 캐릭터를 최종 결과와 연결시킬 수 있다. 주방 조리대나 마루의 광택에 비쳐지는 미스터 클린이 좋은 예다. 차민을 짜고 있는 미스터 위풀은 부드러움의 편익을 위풀 캐릭터와 단단히 연결시킨다.

시청자가 편익을 볼 수 있게 하라

P&G 광고의 40퍼센트 정도는 P&G 제품의 성능을 경쟁 제품과
나란히 비교하는 방법을 사용한다. 다른 광고들의 경우도 제품의 편익만을 보여주거나
애니메이션을 이용한 그래픽으로 편익을 개념화한다.

보통 최종 결과의 비교는 시각적으로 제시되는데, P&G 브랜드의
성능이 더 우수한 것으로 드러난다. 타이드로 세탁한 옷은 표백 기능
이 있는 다른 액체 세제로 세탁한 옷보다 더 깨끗하고 색깔이 더 선
명한 느낌을 준다. 헤드 앤 숄더를 이용하여 감은 머리카락은 비듬이
없지만, 일반 샴푸로 감은 머리카락에는 비듬이 있다. 바운티 타월은
물에 젖어도 흐물흐물해지지 않지만 일반 종이 타월은 금방 흐물흐
물해진다. 팸퍼스와 올웨이즈는 경쟁 제품과 비교하여 P&G 제품이
얼마나 많은 물기를 흡수할 수 있는지를 보여준다.

때때로 차이가 분명하지 않아서 약간의 도움이 필요한 경우가 있
다. 다우니로 세탁한 타월이 좀더 저렴한 유연제로 세탁한 타월보다
실제 더 부드럽다는 점을 보여주기 어렵기 때문에 타월을 손으로 쓰
다듬어 보는 것이 차이를 보여주는 데 도움이 된다.

P&G는 브랜드의 우수성이 눈으로 확인되지 않은 경우에는 비교

시범을 보여주는 방법을 사용한다. 팸퍼스 베이비 프레시 기저귀의 경우, P&G는 팸퍼스 베이비 프레시 기저귀에 사용된 고른 결의 섬유와 다른 주요 브랜드의 섬유 뭉치들을 비교하기 위해서 40배로 확대된 사진을 사용한다. 바운티 타월의 경우, 스펀지로 닦은 뒤 남아 있는 세균과 바운티 타월로 깨끗이 닦은 뒤 남아 있는 세균을 비교해 실제로 보여주는 것이 불가능했다. 그래서 스펀지로 닦은 곳에 남아 있는 세균들을 청색과 녹색의 점으로 표현하였다.

많은 P&G 광고들은 병렬 비교나 사용 전후 비교 없이도 제품의 편익을 보여 준다.

- 게인 광고는 옷에 코를 대고 냄새를 맡는 주부의 모습을 보여 줌으로써 깨끗한 옷을 시각적으로 표현한다.
- 팬틴의 편익은 모델의 어깨에서 늘어뜨린 머리카락의 윤기를 보여 줌으로써 표현된다.
- 프링글스는 바삭바삭 씹히는 소리 효과를 이용하여 제품의 바삭거림을 표현한다.
- 폴저스 광고는 진공 캔이 열리고, 커피 원두가 스푼으로 떠지고, 끓인 커피나 커피 잔에서 김이 무럭무럭 올라오고, 광고 모델들이 냄새를 맡고 맛을 느끼는 것을 보여줌으로써 커피의 맛과 향을 시각적으로 표현한다.
- 다우니 광고는 크고 부드러운 타월을 몸에 두른 사람들과 부드러운 타월 더미에서 포장 용기가 튀어 오르는 장면을 보여줌으로써 부드러움을 시각적으로 표현한다.

제품의 효능을 보여주되
기술에 초점을 맞추지 마라

P&G는 광고에서 제품 기술의 우수성에 초점을 맞추는 실수를 하지 않는다. 브랜드의 기술을 암시하기도 하지만, 그것은 간략하고 이해하기 쉬우며 편익을 직접적으로 뒷받침한다. 소비자는 제품의 편익이 사실이라는 확약을 원하지만, 기술에 대한 자세한 설명은 원하지 않는다.

P&G의 샴푸와 컨디셔너의 합성 기술은 머리카락을 헹구기 전까지 컨디셔너가 머리카락에 남아 있도록 하는 훌륭한 기술이다. 퍼트 플러스 광고에서는 퍼트 플러스 병이 각각의 샴푸 병과 컨디셔너 병을 쫓아내는 것을 보여 줌으로써 샴푸와 컨디셔너의 합성을 시각적으로 표현한다.

단일 제품이 소비자가 익숙하게 사용해 왔던 두 제품을 대신할 수 있다는 주장은 회의적인 반응을 얻을 수도 있다. 그에 대한 설명은 헹구는 동안 머리카락에 남아 있으면서 코팅 작용을 하는 컨디셔너를 상징적으로 표현하는 간단한 애니메이션 그래픽을 통해 제공된다. 자세한 설명이 없어도 광고를 보고 있으면 시청자는 기존에 사용하던 샴푸나 컨디셔너와 비교하여 뭔가 다른 특별한 제품이며 신뢰할 수 있는 제품이라는 사실을 알게 된다.

마찬가지로 P&G의 엘라스테시(Elastesse) 기술이 들어간 헤어스프레이의 경우, 간단한 애니메이션 그래픽을 통해서 어떻게 머리카락들이 점 용접처럼, 머리카락 전부가 아니라 그것들이 교차하는 지점에서만 달라붙는지를 보여준다. 이것은 엘라스테시가 기존 헤어스프레이의 머리카락을 딱딱하게 굳게 만드는 "헬멧 머리" 효과가 아니라 "유연한 정지" 효과를 제공해 준다는 것을 쉽게 이해할 수 있게 한다.

일부 팬틴 광고는 비타민이 모근에서 머리카락 끝으로 침투하는 애니메이션 그래픽을 보여준다. 같은 그래픽에서, 비타민이 침투함에 따라 칙칙한 머리카락에 윤기가 흐르기 시작한다. 이는 제품이 작동하는 방식의 시각화와 제품 편익을 직접 연결하는 것이다.

91

말하고 있는 것을 보여주고
보여준 것을 말로 표현하라

눈과 귀가 따로 움직이기는 어렵다. P&G 광고에서는 오디오와
비디오가 밀접하게 연관되어 있다. 이것을 '오디오-비디오 동시성' 이라고 한다.

오디오-비디오 동시성의 예를 들면 다음과 같다.

- 바운스 섬유 유연제 광고는 "최고 5일 동안 지속되는 신선함
(freshness)"을 약속하면서, 신선함이 매일매일 섬유에서 "터져
나오는 것(bubbling up)"을 보여 준다. 분명히 "신선함"은 글자
그대로 섬유에서 터져 나오지는 않는다. 그러나 그러한 사실은
전혀 중요하지 않다. 이것은 제품 성능과 약속한 제품 편익을
상징적으로 연결시켜 주는 연상적인 시각 요소다.
- 팸퍼스 베이비 프레시 물티슈 광고는 "자연 섬유(natural
fibers)"라는 단어가 물티슈 속으로 용해되는 것을 보여 주면서,
자연 섬유에 관한 이야기를 들려준다.
- 크레스트 광고는 "칫솔이 닿지 않는 치아 틈새까지도 거품이 구
석구석 닦아 준다"라고 말하는 보이스오버와 함께 치아 사이에

서 거품이 이는 모습을 애니메이션으로 보여 준다.

P&G의 광고에서는 말로 표현되는 상황에서 관련된 시각적 요소가 제시되지 않는 경우는 거의 없다. 마땅한 시각적 요소가 없으면 해당 단어라도 시각적으로 제시된다. 다음 팸퍼스 광고는 오디오와 비디오가 얼마나 밀접하게 연관되어 있는지 잘 보여 준다.

	오디오			비디오	
• (여성의 목소리) 당신은 매일 밤 아기를 침대에 눕힐 때마다 아기가 긴밤을 보내야 한다는 것을 알고 있습니다.	• 아기가 침대에서 자고 있다.
• 밤늦은 시간에 당신이 아기를 깨워야만 하는 건 축축해진 피부 때문입니다.	• 아기가 돌아눕는다.
• 팸퍼스 베이비 드라이를 사용해보세요.	• 아기가 잠에서 깨어나 울어댄다. 엄마가 아기를 안아 엉덩이를 만져 보고 젖은 것을 안다.
• 특수 흡수층이 있어서 일반 기저귀보다 빨리 수분을 흡수합니다.	• 기저귀 포장을 보여준다.
• 팸퍼스를 사용하면 아기 피부가 항상 뽀송뽀송합니다. 아침에도 뽀송뽀송합니다.	• 일반 기저귀와 팸퍼스에 나란히 액체를 붓는 장면이 나온다.
• 병원에서는 뽀송뽀송한 피부가 피부 건강에 아주 중요하다는 사실을 알기 때문에 81퍼센트의 병원이 팸퍼스를 사용합니다.	• 아기 엉덩이를 쓰다듬는 엄마의 손가락을 클로즈업한다. 아침에 방글방글 웃는 아기를 보고 엄마도 빙그레 웃는다.
	• "뽀송뽀송한 피부는 피부 건강에 중요하다." "81퍼센트의 병원이 팸퍼스를 사용한다."
• 아기를 행복하게 해주세요. 아기 피부를 뽀송뽀송하게 해주세요. 팸퍼스 베이비 드라이.	• 엄마 품에서 웃는 아기. 아기를 행복하게. 아기 피부를 뽀송뽀송하게"라는 문구가 적힌 기저귀 포장

92

유명인사가 아닌
평범한 사람들을 활용하라

소비자가 공감할 수 있는 사람을 활용하라. 이들은 시청자가 자신과 동일시할 수 있는
역할을 연기한 배우일 수도 있고, 실제 소비자일 수도 있다. 어떤 경우든 시청자는
자신과 동일시할 수 있는 사람의 만족을 더 쉽게 자신의 것으로 받아들인다.

지프 광고가 강조하는 것은 좋은 엄마가 되는 것이다. "까다로운
엄마는 지프를 선택하기" 때문이다. 엄마와 아이의 행복한 상호작용
장면을 통해 제품 편익이 명확하게 전달된다. 커버 걸 화장품의 편익
은 광고에 등장하는 발랄하고 쾌활한 젊은 여성들의 자신감 넘치고,
단호하고, 절제하는 태도에서 명백하게 드러난다. 프링글스 광고는
포테이토칩의 바삭바삭한 느낌과 맛뿐만 아니라 여럿이 모인 즐거운
분위기에서 포테이토칩을 즐기는 모습을 보여준다. 광고는 또한 부
서지고 기름투성이인, 봉지에 담긴 포테이토칩을 먹느라 애쓰는, 다
소 불쌍하고 외로워 보이는 사람을 짧게 보여준다.

P&G는 맥스 팩터 메이크업 아티스트나, 퍼트 플러스를 사용하기
전에는 머리카락을 관리하기 어려웠던 운동선수 같은 전문직 종사자
들을 광고에 활용하기도 한다. 하지만 그 목적은 광고의 신뢰성을 높
이려는 것이지, 그들의 인지도를 활용해 관심을 끌려는 것은 아니다.

| 효과적인 인쇄 광고 |

흥미를 끄는 시각적 매체를 활용하고, 편익을 시각적으로 표현하는 것이 중요하다. 헤드라인과 시각적 요소를 연결시키고, 광고 문구는 되도록 짧고 재미있어야 한다.

93

흥미를 끄는 시각물을 활용하라

소비자들은 광고 때문에 잡지를 보는 것이 아니다.
여성 잡지 독자 가운데 절반 정도가 평범한 소비재 광고는 보지 않는다고 한다.
그러나 흥미를 끄는 사진이나 그래픽이 눈에 띈다면, 궁금증을 가지고 살펴볼 수도 있다.

대부분의 P&G 광고는 하나의 두드러진 시각적 요소를 활용한다. 시각적 요소는 독자들이 광고를 보게끔 유도한다. 클리어라실, 올웨이즈, 녹스제마, 오일 오브 올레이, 팬틴, 비달 사순, 기타 브랜드 광고는 소비자들이 자신과 동일시하고 공감할 수 있는 사람들, 즉 소비자들이 닮고 싶어 하고 모방하고 싶어 하는 사람들을 보여 준다. 엄마들은 딸과 놀고 있는 엄마에 쉽게 공감하고, 지프 땅콩버터 광고에 나오는 "엄마가 된다는 것은……"과 같은 헤드라인에 쉽게 공감한다. 처음으로 아기를 낳은 엄마들은 드레프트와 팸퍼스 광고에 등장하는 아기들의 모습에 마음이 끌린다. 젊은 여성들은 아름다운 모델들의 옷차림새를 동경한다.

그러나 P&G가 브랜드나 제품과 관련된 시각적 요소들에 대해 사람들이 관심을 갖게 만드는 다른 방법들도 있다.

- 대부분의 미스터 클린 광고에서 미스터 클린 캐릭터는 독자를 응시한다.

- 어떤 프링글스 광고의 경우, 한 페이지 전체를 서로 마주보는 한 쌍의 프링글스칩으로 채우기도 한다. 그래서 마치 오리의 부리처럼 보여서 소비자는 '이게 뭘까?' 하는 궁금증을 갖고 읽게 된다.

- 〈세븐틴〉에 실린 올웨이즈 생리대 광고는 만화 스타일의 치어리더 사진(대부분의 치어리더들이 껑충껑충 뛰는데 반해, 한 치어리더는 상당히 몸이 불편해 보인다. 왜냐하면 분명 그녀는 올웨이즈를 사용하고 있지 않기 때문이다.)으로 10대 독자들의 눈길을 끈다. 무엇을 말하려고 하는지 광고의 설명 문구를 읽으면 꽤 재미있을 것 같아 보인다.

94

편익을 시각적으로 표현하라

대다수 P&G 광고는 시각적 요소와 함께 스토리를 전달한다.

윤기 있는 머리카락을 휘날리며 팬틴 샴푸 병을 들고 있는 여성을 보면, 광고의 메시지를 이해할 수 있다. 아기 엉덩이 그림이 있는 팸퍼스 상자를 봐도 광고 메시지를 이해할 수 있다. 또한 서로 바짝 붙어서 입을 벌리고 활짝 웃는, 스코프(Scope) 병을 들고 있는 남자와 여자의 클로즈업 이미지 역시 마찬가지다. 은유적인 시각화는 제품 성능과 관련된 최종 결과의 시각화만큼 주목을 끌지는 않지만 제품의 편익이나 효과를 직접적으로 시각화하기 힘들 때 효과적인 커뮤니케이션 방법이 될 수 있다.

"산속 샘의 향이 나는 타이드"의 광고는 "상쾌한 공기", "산을 덮은 맑은 눈", "신선한 야생화", "밝은 햇살과 시원한 바람" 같은 문구들과 함께 야외 풍경을 보여준다. 올웨이즈 생리대 광고는 침대에 편안하게 누워 있는 여성을 보여주며, 이렇게 말한다. "우리 몸은 하루 종일 여러 가지 자세를 취합니다. 생리대도 마찬가지여야겠지요?"

274

헤드라인을 시각적 요소와 연결시켜라

때때로 흥미를 끄는 시각적 요소는 스토리 전달을 도울 헤드라인을 필요로 한다.
시각적 요소만으로 스토리를 전달할 수 있지만, 헤드라인은 그 메시지를 강화할 수 있다.

- 팬틴 브랜드의 엘라스테시 헤어스프레이는 기존 헤어스프레이
  들의 "헬멧 머리" 효과를 없애기 위해 개발되었다. 팬틴 광고는
  자신의 손가락으로 기쁘게 머리카락을 쓸어 올리는 여성을 보
  여주며, 이렇게 말한다. "헤어스프레이를 아주 싫어하는 사람이
  라면 이 헤어스프레이를 써보세요."
- 대담하게 실물 크기의 크레스트 포장 사진을 등장시킨 크레스
  트 치약 광고는 "금속 방어판(Metal Deflector)"이라는 단순한
  헤드라인으로 충치방지 메시지를 전달한다.
- 남녀의 입이 클로즈업된 스코프 광고는 실제로 헤드라인이 필
  요하지 않다. 그러나 "민트향 구강 청정제에서 약 냄새가 너무
  심하게 나면 이런 일이 일어나지 않겠지요"라는 문구는 광고 메
  시지를 더욱 강화한다.

96

제품 사용시범을 보여주어라

제품의 성능을 실제로 보여주는 것도 제품의 편익을 전달하는 효과적인 방법이다.

- 주방 세제인 돈(Dawn)은 설거지하기 전의 기름기가 잔뜩 묻은 냄비 사진과 설거지한 뒤 반짝반짝 빛나는 냄비 사진을 비교해서 보여준다.
- 울트라 비즈는 비즈로 세탁한 작업복(얼룩이 제거되었다)과 다른 탈색 방지 표백제로 세탁한 작업복(당연히 얼룩이 제거되지 않았다)을 비교하는 장면을 보여 준다.

시각적인 삽화나 그림 또한 제품이 어떤 효과가 있는지를 전달할 수 있다.

- 바운티 타월 광고는 스펀지로 의자에 묻어 있는 음식을 닦아 내는 장면을 보여 준다. 텔레비전 광고와 마찬가지로 녹색 점이 표시되어 스펀지로 닦으면 세균이 남아 있다는 것을 알려 준다.

하지만 바운티 타월로 닦아 낸 곳에는 녹색 점이 표시되어 있지 않다.

- 팸퍼스 기저귀 광고는 부드럽고, 뽀송뽀송하고, 기저귀 발진이 없는 피부를 상징하기 위해 아기의 엉덩이를 보여 준다. 제품의 효과를 더 구체적으로 표현하기 위해, 아기 엉덩이의 보호막을 나타내는 홍조(glow)와 그것을 뚫고 들어가지 못하는 작은 물방울을 그려 넣어 제품의 편익을 개념화한다.

짧고 재미있는 광고 문구를 만들어라

광고 문구 전체를 읽어 보는 독자는 거의 없다. 카피가 짧을수록 독자가 읽을 가능성이 높다.

브랜드 관리자들은 독자가 실제로 알고 싶어 하는 것보다 더 많은 것을 전달하려는 유혹에 빠지기 쉽다. 그러나 대다수 P&G 광고는 하나의 메시지에 집중하며, 평균적인 단어 수는 대략 70개 정도이다. 몇몇 인상적인 광고들은 훨씬 더 적은 수의 단어를 사용한다.

- 치어 광고는 "Help keep limes lime. Wash in Cheer"라는 겨우 여섯 개의 단어를 사용하는 라벨(label)과 함께, 지면을 압도하는 밝은 색의 라임그린 셔츠를 보여준다.
- 팬틴 골드 캠 컬렉션 광고는 두 페이지에 걸쳐서 반짝거리는 금발의 여인을 등장시키는데, 열아홉 개의 단어만을 사용한다.
- P&G의 여성용 향수 후고 보스 광고는 "Life's a journey. Travel light. Don't imitate. Innovate."라는 여덟 개의 단어를 사용한다.

독자에게 신뢰의 근거를 제시하라

P&G 인쇄 광고물의 기본적인 목표는 브랜드의 편익이나 약속, 즉 브랜드가 대표하는 것을
전달하는 것이다. 그 근거를 제시하면 메시지의 신뢰성을 높일 수 있다.

- 팬틴 프로-V 광고는 건강한 머릿결을 약속하면서, 모근에서 머리카락 끝까지 침투하는 프로비타민 공식을 근거로 제시한다.
- 오일 오브 올레이 바디워시 광고는 최상의 피부 관리를 약속하면서, 그 제품이 최상의 미용 비누보다 더 많은 보습 성분을 갖고 있기 때문이라고 말한다.
- 클리어라실 광고는 여드름이 나기도 전에 억제한다고 약속하면서, 그 제품이 여드름이 생성되는 부분까지 깊이 침투하기 때문이라고 말한다.

99

태그라인으로 마무리하라

좋은 태그라인은 광고를 요약하고 브랜드의 전략적 포지셔닝을 강화한다.

- "윤기 있는 건강한 머릿결을 위하여."
- "아기 피부를 뽀송뽀송하게."
- "기름기를 제거해 주는 돈(Dawn)."
- "바운티는 더 빠르고, 더 깨끗해요.
- "깨끗해야 한다면 타이드죠."
- "키스할 만큼 가까워지려면 스코프죠."
- "까다로운 엄마는 지프를 선택합니다."
- "캐스케이드라면 얼룩이 한 점도 남지 않아요."